2021年版全国一级建造师执业资格考试辅导

铁路工程管理与实务

复 习 题 集

全国一级建造师执业资格考试辅导编写委员会　编写

中国建筑工业出版社
中国城市出版社

图书在版编目（CIP）数据

铁路工程管理与实务复习题集 / 全国一级建造师执业资格考试辅导编写委员会编写.—北京：中国城市出版社，2021.4

2021年版全国一级建造师执业资格考试辅导

ISBN 978-7-5074-3359-3

Ⅰ.①铁… Ⅱ.①全… Ⅲ.①铁路工程–资格考试–习题集 Ⅳ.①U2-44

中国版本图书馆CIP数据核字（2021）第040401号

责任编辑：李　璇　牛　松

责任校对：李美娜

2021年版全国一级建造师执业资格考试辅导

铁路工程管理与实务复习题集

全国一级建造师执业资格考试辅导编写委员会　编写

*

中国建筑工业出版社、中国城市出版社出版、发行（北京海淀三里河路9号）

各地新华书店、建筑书店经销

北京圣夫亚美印刷有限公司印刷

*

开本：787毫米×1092毫米　1/16　印张：13　字数：296千字

2021年5月第一版　　2021年5月第一次印刷

定价：**42.00**元（含增值服务）

ISBN 978-7-5074-3359-3

（904348）

如有印装质量问题，可寄本社图书出版中心退换

（邮政编码100037）

出版说明

为了满足广大考生的应试复习需要，便于考生准确理解考试大纲的要求，尽快掌握复习要点，更好地适应考试，根据《一级建造师执业资格考试大纲》（2018 年版）（以下简称《考试大纲》）和《2021 年版全国一级建造师执业资格考试用书》（以下简称《考试用书》），我们组织全国著名院校和企业以及行业协会的有关专家教授编写了《2021 年版全国一级建造师执业资格考试辅导——复习题集》（以下简称《复习题集》）。此次出版的复习题集共 13 册，涵盖所有的综合科目和专业科目，分别为：

- 《建设工程经济复习题集》
- 《建设工程项目管理复习题集》
- 《建设工程法规及相关知识复习题集》
- 《建筑工程管理与实务复习题集》
- 《公路工程管理与实务复习题集》
- 《铁路工程管理与实务复习题集》
- 《民航机场工程管理与实务复习题集》
- 《港口与航道工程管理与实务复习题集》
- 《水利水电工程管理与实务复习题集》
- 《矿业工程管理与实务复习题集》
- 《机电工程管理与实务复习题集》
- 《市政公用工程管理与实务复习题集》
- 《通信与广电工程管理与实务复习题集》

《建设工程经济复习题集》《建设工程项目管理复习题集》《建设工程法规及相关知识复习题集》包括单选题和多选题，专业工程管理与实务复习题集包括单选题、多选题、实务操作和案例分析题。题集中附有参考答案、难点解析、案例分析以及综合测试等。为了帮助应试考生更好地复习备考，我们开设了在线辅导课程，考生可通过中国建筑出版在线网站（exam.cabplink.com）了解相关信息，参加在线辅导课程学习。

为了给广大应试考生提供更优质、持续的服务，我社对上述 13 册图书提供网上增值服务，包括在线答疑、在线视频课程、在线测试等内容。

《复习题集》紧扣《考试大纲》，参考《考试用书》，全面覆盖所有知识点要求，力求突出重点，解释难点。题型参照《考试大纲》的要求，力求练习题的难易、大小、长短、宽窄适中。各科目考试时间、分值见下表：

序号	科目名称	考试时间（小时）	满分
1	建设工程经济	2	100
2	建设工程项目管理	3	130
3	建设工程法规及相关知识	3	130
4	专业工程管理与实务	4	160

　　本套《复习题集》力求在短时间内切实帮助考生理解知识点，掌握难点和重点，提高应试水平及解决实际工作问题的能力。希望这套题集能有效地帮助一级建造师应试人员提高复习效果。本套《复习题集》在编写过程中，难免有不妥之处，欢迎广大读者提出批评和建议，以便我们修订再版时完善，使之成为建造师考试人员的好帮手。

中国建筑工业出版社

中国城市出版社

2021 年 2 月

购正版图书　享超值服务

　　读者如果对图书中的内容有疑问或问题，可关注微信公众号【建造师应试与执业】，与图书编辑团队直接交流。

建造师应试与执业

前　言

　　为了满足广大考生的应试需要，便于深入掌握《一级建造师执业资格考试大纲（铁路工程）（2018 年版）》所规定的知识范围，较全面地掌握复习要点，熟知考试题型，本书编委会依据《一级建造师执业资格考试大纲（铁路工程）》，参照《2021 年版全国一级建造师执业资格考试用书——铁路工程管理与实务》，编写了《2021 年版全国一级建造师执业资格考试辅导——铁路工程管理与实务复习题集》。

　　《2021 年版全国一级建造师执业资格考试辅导——铁路工程管理与实务复习题集》与《2021 年版全国一级建造师执业资格考试用书——铁路工程管理与实务》的内容章节相对应。为在短时间内帮助考生理解考点、掌握考试重、难点，本书编委会依据考试大纲的要求，针对大部分的章节编写了相应的习题，习题类型包括单选、多选、实务操作和案例分析题，题目类型全面，题目覆盖面较广，以提高考生解决实际工作问题的能力和应试水平。

　　参与本书编写工作的专家和学者既有从事相关专业教学的高等院校教师，又有来自现场工程建设项目的管理人员和技术人员，具有丰富的教学经验和实践经验。

　　本书编写过程中，虽然经过专家和学者的反复推敲、斟酌，难免有不妥之处，欢迎广大读者提出批评和建议。

目 录

1C410000　铁路工程技术 ·· **1**

1C411000　铁路工程施工测量 ·· 1

1C411010　铁路工程施工测量的组织实施及测量成果评价 ········ 1

1C411020　铁路工程施工测量控制网的布设要求 ················· 4

1C411030　铁路工程施工测量方法 ······························· 4

1C412000　铁路工程材料 ··· 10

1C412010　水泥使用范围及质量检验评定方法 ··················· 10

1C412020　混凝土外加剂及矿物掺合料的分类及作用 ············ 12

1C412030　钢筋使用范围及质量检验评定方法 ··················· 13

1C412040　混凝土配合比确定程序及无损检测方法 ·············· 16

1C412050　混凝土质量评定方法 ································· 18

1C413000　铁路路基工程 ··· 22

1C413010　铁路路堑施工方法及要求 ··························· 22

1C413020　铁路路堤施工方法及要求 ··························· 25

1C413030　铁路地基处理方法及施工要求 ····················· 28

1C413040　铁路路基支挡结构及施工要求 ····················· 31

1C413050　铁路路基坡面防护方式及施工要求 ················· 35

1C413060　铁路路基防排水方式及施工要求 ··················· 37

1C414000　铁路桥涵工程 ··· 40

1C414010　铁路桥梁基础施工方法 ····························· 40

1C414020　铁路桥梁墩台施工方法 ····························· 48

1C414030　铁路桥梁梁部施工方法 ····························· 49

1C414040　铁路涵洞施工方法及控制要点 ····················· 56

1C414050　铁路营业线桥涵施工方法及施工防护措施 ··········· 57

1C415000　铁路隧道工程 ··· 62

1C415010　铁路隧道开挖 ····································· 62

1C415020　铁路隧道支护 ····································· 66

1C415030　铁路隧道防排水 ·· 67

1C415040　铁路隧道衬砌 ·· 68

1C415050　铁路隧道施工辅助作业要求 ···················· 69

1C416000　铁路轨道工程 ··· 73

1C416010　铁路轨道技术 ·· 73

1C416020　无缝线路铺设 ·· 75

1C416030　有砟轨道铺设 ·· 77

1C416040　无砟轨道道床 ·· 80

1C417000　铁路"四电"工程 ··································· 82

1C417010　铁路电力工程 ·· 82

1C417020　铁路电力牵引供电工程 ······························ 85

1C417030　铁路通信工程 ·· 87

1C417040　铁路信号工程 ·· 89

1C420000　铁路工程项目施工管理 ···················· **91**

1C420010　铁路工程项目施工组织部署 ······················ 91

1C420020　铁路工程项目施工方案的编制 ·················· 93

1C420030　铁路工程项目施工组织进度计划的编制 ······ 94

1C420040　铁路工程项目施工资源配置计划的编制 ······ 95

1C420050　铁路工程项目管理措施的编制 ·················· 97

1C420060　铁路工程项目施工质量管理措施 ··············· 98

1C420070　铁路新线施工安全管理措施 ···················· 100

1C420080　铁路营业线施工安全管理措施 ················· 103

1C420090　铁路工程项目施工进度管理要求及方法 ····· 105

1C420100　铁路工程项目合同管理要求及方法 ··········· 106

1C420110　铁路工程造价管理要求及方法 ················· 107

1C420120　铁路工程项目成本管理要求及方法 ··········· 108

1C420130　铁路工程项目环境保护管理要求及措施 ····· 109

1C420140　铁路工程项目文明施工管理要求及措施 ····· 110

1C420150　铁路工程项目现场技术管理要求及方法 ····· 110

1C420160　铁路工程项目现场试验管理要求及方法 ····· 111

1C420170　铁路工程项目施工质量验收 ···················· 112

1C420180　铁路工程项目竣工验收 ·························· 113

1C430000　铁路工程项目施工相关法规与标准 ·········· **118**

　1C431000　铁路建设管理法律法规 ·················· **118**

　　1C431010　铁路法相关规定 ·················· 118

　　1C431020　铁路安全管理条例相关规定 ············ 118

　　1C431030　铁路交通事故应急救援和调查处理相关规定 ··· 119

　1C432000　铁路建设管理相关规定 ·················· **121**

　　1C432010　铁路基本建设工程设计概（预）算编制相关规定 ··· 121

　　1C432020　铁路建设工程施工招标投标相关规定 ······· 122

　　1C432030　铁路建设工程招标投标监管相关规定 ······· 123

　　1C432040　铁路建设工程质量管理相关规定 ········· 124

　　1C432050　铁路建设工程安全生产管理相关规定 ······· 126

　　1C432060　铁路营业线施工安全管理相关规定 ········ 127

　　1C432070　铁路建设工程质量安全监管相关规定 ······· 128

　　1C432080　铁路建设项目施工作业指导书编制相关规定 ··· 129

　　1C432090　铁路建设项目物资设备管理相关规定 ······· 129

　　1C432100　铁路工程建设市场信用体系建设相关规定 ···· 130

　　1C432110　铁路工程严禁违法分包及转包相关规定 ····· 131

　　1C432120　铁路建设项目变更设计管理相关规定 ······· 132

　　1C432130　铁路建设项目验工计价相关规定 ········· 134

实务操作和案例分析题 ···················· **138**

综合测试题（一） ······················ **176**

综合测试题（二） ······················ **186**

网上增值服务说明 ······················ **197**

1C410000 铁路工程技术

1C411000 铁路工程施工测量

1C411010 铁路工程施工测量的组织实施及测量成果评价

复习要点

1. 施工测量的组织实施
2. 施工测量的成果评价
3. 施工测量仪器的使用方法

一 单项选择题

1. 铁路工程测量阶段，由（　　）对施工测量质量实行过程检查和最终检查。
   A. 测量单位　　　　　　　　　　B. 施工单位
   C. 监理单位　　　　　　　　　　D. 建设单位

2. 在铁路工程施工中，施工测量成果的评定采用百分制，按缺陷扣分法和加权平均法计算测量成果综合得分，以下属于施工测量重缺陷的是（　　）。
   A. 起算数据采用错误　　　　　　B. 计算程序采用错误
   C. 观测条件掌握不严　　　　　　D. 整饰各种资料缺点

3. 施工单位对铁路施工测量质量实行过程检查和最终检查，其中承担过程检查的人员是（　　）。
   A. 测量队检查人员　　　　　　　B. 架子队质检人员
   C. 安质部质检人员　　　　　　　D. 现场监理工程师

4. 铁路施工测量的目的是根据施工的需要，将设计的线路、桥涵、隧道、轨道等建筑物的（　　），按设计要求以一定的精度敷设在地面上。
   A. 平面位置和高程　　　　　　　B. 地理位置
   C. 标高和长度　　　　　　　　　D. 相对位置

5. 铁路工程施工测量中测量仪器设备及工具必须（　　）。

    A. 定期（一般为 2 年）到国家计量部门进行检定，取得合格证书后方可使用

    B. 定期（一般为 1 年）到国家计量部门进行检定，取得合格证书后方可使用

    C. 定期（一般为 1 年）到国家计量部门进行检定即可

    D. 定期（一般为 2 年）到国家计量部门进行检定即可

6. 对工程项目的一般测量科目必须实行（　　）。

    A. 彻底换手测量　　　　　　　　B. 同级换手测量

    C. 更换全部测量仪器　　　　　　D. 更换全部测量人员

7. 鉴于不同的工程对象有不同的精度要求，所以，测量仪器应选用得当，精度标准不能低于（　　），但也不宜过严。

    A. 企业要求　　　　　　　　　　B. 项目要求

    C. 规范要求　　　　　　　　　　D. 行业要求

8. 铁路施工测量所用的测量仪器设备及工具必须定期（一般为 1 年）到（　　）进行检定，取得合格证书后方可使用。

    A. 企业计量部门　　　　　　　　B. 国家计量部门

    C. 企业技术部门　　　　　　　　D. 国家质监部门

9. 铁路施工测量验收工作一般由（　　）实施，检查工作应由（　　）实施。

    A. 监理单位、建设单位　　　　　B. 施工单位、建设单位

    C. 建设单位、监理单位　　　　　D. 监理单位、施工单位

10. 某铁路隧道施工测量实行二级检查一级验收制，其中最终检查由施工单位的（　　）负责实施。

    A. 施工测量队检查人员　　　　　B. 技术负责人

    C. 质量管理机构　　　　　　　　D. 安全负责人

二 多项选择题

1. 施工测量组织实施包括（　　）。

    A. 人员组织　　　　　　　　　　B. 仪器设备组织

    C. 资金组织　　　　　　　　　　D. 进度组织

    E. 技术组织

2. 对工程的一般测量科目应实行同级换手测量，同级换手测量需要更换（　　）。

    A. 观测人员　　　　　　　　　　B. 计算人员

    C. 全部测量人员　　　　　　　　D. 全部仪器

    E. 全部计算资料

3. 铁路施工测量质量特性分为一级质量特性和二级质量特性，下列施工测量二级质量特性中属于一级质量特性观测的有（　　）。

A．标桩的埋设质量　　　　　　　B．仪器检验的正确性

C．手簿记录的完备性　　　　　　D．验算的正确性

E．平差计算的正确性

4. 施工测量仪器设备组织包括（　　　）。

A．仪器检校完善，专人维护保养　　B．同级换手测量，更换计算人员

C．仪器选用正确，标准选用得当　　D．记录清楚，签署完善

E．执行规范，超限返工

5. 对于测量成果的记录、计算、复核和检算，以下说法正确的是（　　　）。

A．所有测量成果必须认真做好记录

B．按规定用铅笔填写在规定的表格内

C．错误之处直接用橡皮涂擦掉后改正

D．计算成果应书写清楚，签署完整

E．无论人工还是电子记录都应有备份

6. 针对铁路施工测量的人员组织，以下说法正确的是（　　　）。

A．经过专业的培训　　　　　　　B．具有较高的学历

C．获得技术培训和上岗证书　　　D．具有登高和攀爬能力

E．责任心强、能吃苦耐劳

7. 以下属于施工测量轻缺陷的有（　　　）。

A．上交资料不完整　　　　　　　B．伪造成果

C．观测条件掌握不严　　　　　　D．各种资料的整饰缺点

E．各种注记错漏

8. 新建铁路工程测量应符合的现行规范有（　　　）。

A．高速铁路工程测量规范　　　　B．国家标准工程测量规范

C．改建铁路工程测量规范　　　　D．铁路工程测量规范

E．施工技术规则

9. 以下关于施工测量成果的评价正确的有（　　　）。

A．采用百分制

B．缺陷扣分法计算测量成果综合得分

C．加权平均法计算测量成果综合得分

D．由施工单位评定产品质量，验收单位核定

E．由验收单位评定

10. 以下属于施工测量重缺陷的有（　　　）。

A．控制点点位选择不当

B．施工放样时，放样条件不具备

C．各项误差有 50% 以上大于限差的 1/2

D．记录中的计算错误对结果影响较大

E．起算数据采用错误

1C411020　铁路工程施工测量控制网的布设要求

复习要点

1. 基础平面控制网的布设要求
2. 线路平面控制网的布设要求

一　单项选择题

1. CPI 控制网要按（　　　）标准施测。
   A. 一等 GPS
   B. 二等 GPS
   C. 一等导线
   D. 二等导线
2. CPⅡ控制网宜在（　　　）阶段完成。
   A. 初测
   B. 定测
   C. 施工准备
   D. 施工

1C411030　铁路工程施工测量方法

复习要点

1. 线路测量方法
2. 线路沉降观测及评估方法
3. 桥涵测量方法
4. 隧道测量方法
5. 构筑物变形测量方法
6. 轨道施工测量方法
7. 电力线路施工测量方法
8. 电力牵引供电施工测量方法

一　单项选择题

1. 线下工程施工前，现场 CP 0、CP I、CPⅡ控制桩和线路水准基点桩的交接工作由（　　　）单位组织，并履行交桩手续。

A．建设   B．设计

C．咨询   D．监理

2．施工单位接桩后进行复测，当CPⅠ、CPⅡ和线路水准基点较差满足规范规定时，应采用（　　）。

A．复测成果   B．原测成果

C．复测和原测的符合成果   D．局部范围内改动复测成果

3．施工单位应根据施工需要开展不定期复测维护，新建250～350km/h高速铁路复测时间间隔不应大于（　　）个月，新建200km/h及以下铁路复测时间间隔不应大于（　　）个月。

A．3，6   B．3，9

C．6，12   D．9，12

4．下列符合CPⅢ建网前复测控制网成果采用遵循原则的是（　　）。

A．CPⅠ控制点应全部采用原测成果

B．CPⅠ控制点应全部采用复测成果

C．CPⅡ控制点应全部采用原测成果

D．CPⅡ控制点应全部采用复测成果

5．线路中线测量前，当控制点精度和密度不能满足中线测量需要时，平面应按（　　）等GNSS或一级导线测量精度要求加密。

A．三   B．四

C．五   D．六

6．路基加固工程施工放样可采用（　　）施测。

A．GNSS RTK法   B．水准仪坐标法

C．断面仪施测法   D．横断面测量法

7．线下工程竣工测量线路中线桩高程应利用（　　）控制点进行测量。

A．CP0   B．CPⅠ

C．CPⅡ   D．CPⅢ

8．隧道竣工横断面应采用（　　）测量。

A．GNSS RTK   B．水准仪

C．断面仪   D．平板仪

9．路基施工放样边桩测设的限差不应大于（　　）cm。

A．5   B．10

C．15   D．20

10．实施铁路工程沉降变形观测与评估工作的单位是（　　）。

A．建设单位   B．评估单位

C．设计单位   D．监理单位

11．高速铁路路基填筑完成或施加预压荷载后沉降变形观测期不应少于（　　）个月。

A．3   B．4

C．5   D．6

12. 高速铁路路基填筑期间路堤中心地面沉降速率不应大于（　　）mm/d，坡脚水平位移速率不应大于（　　）mm/d。

A. 5，5　　　　　　　　　　　　B. 5，10

C. 10，5　　　　　　　　　　　　D. 10，10

13. 对于桥梁沉降变形观测，下列情形可选择典型墩台进行观测的是（　　）

A. 软土地基　　　　　　　　　　B. 岩溶地区

C. 摩擦桩基础　　　　　　　　　D. 嵌岩桩基础

14. 隧道沉降变形观测应以（　　）沉降为主。

A. 拱顶　　　　　　　　　　　　B. 边墙

C. 仰拱　　　　　　　　　　　　D. 地面

15. 隧道内沉降变形观测断面的布设应根据地质围岩级别确定，对于Ⅳ级围岩观测断面最大间距是（　　）m。

A. 200　　　　　　　　　　　　B. 300

C. 400　　　　　　　　　　　　D. 600

16. 桥梁施工测量方法有：控制测量、墩台定位及其轴线测设、桥梁结构细部放样、变形观测和竣工测量等。对于小型桥一般不进行（　　）。

A. 控制测量　　　　　　　　　　B. 墩台定位及其轴线测设

C. 桥梁结构细部放样　　　　　　D. 变形观测和竣工测量

17. 铁路隧道施工测量中，相向开挖相同贯通里程的中线点在空间不相重合，此两点在空间的连线误差在高程方向的分量称为（　　）。

A. 纵向贯通误差　　　　　　　　B. 横向贯通误差

C. 水平贯通误差　　　　　　　　D. 高程贯通误差

18. 涵洞的基础放样是依据（　　）测设的。

A. 地面标高　　　　　　　　　　B. 纵横轴线

C. 基坑深度　　　　　　　　　　D. 放坡系数

19. 轨道工程施工前应按要求建立（　　）轨道控制网。

A. CP 0　　　　　　　　　　　　B. CP Ⅰ

C. CP Ⅱ　　　　　　　　　　　　D. CP Ⅲ

20. 无砟道岔两端应预留一定长度作为道岔与区间无砟轨道衔接测量的调整距离，其长度应不小于（　　）m。

A. 100　　　　　　　　　　　　B. 200

C. 300　　　　　　　　　　　　D. 400

二　多项选择题

1. 线下工程施工前，设计单位向施工单位提交控制测量成果资料。现场交接的桩橛有（   ）。

 A．CP 0 控制桩   B．CPⅠ控制桩

 C．CPⅡ控制桩   D．CPⅢ控制桩

 E．线路水准基点桩

2．铁路工程建设期间，应开展控制网定期和不定期复测维护工作。定期复测内容包括（   ）。

 A．CP 0   B．CPⅠ

 C．CPⅡ   D．CPⅢ

 E．线路水准基点

3．铁路工程路基施工测量包括（   ）等内容。

 A．路基横断面测量   B．路基改河改沟测量

 C．路基施工放样   D．地基加固工程施工放样

 E．线路中线贯通测量

4．在线下工程竣工后、轨道施工前，应进行线下工程竣工测量。测量内容包括（   ）。

 A．平面控制网测量   B．高程控制网测量

 C．横断面竣工测量   D．纵断面竣工测量

 E．线路中线贯通测量

5．铁路工程路基竣工横断面测量方法有（   ）。

 A．全站仪测量   B．水准仪测量

 C．断面仪测量   D．平板仪测量

 E．GNSS RTK 测量

6．线下工程竣工测量完成后，线下工程施工单位应向轨道施工单位提交的桩橛有（   ）。

 A．平面控制点   B．高程控制点

 C．沉降观测点   D．线路边线桩

 E．线路中线桩

7．线路沉降变形评估应绘制沉降变形评估图。沉降变形评估图内容包括（   ）等。

 A．结构物标识   B．工前沉降限值

 C．实测累计沉降量   D．预测工后沉降量

 E．预测总沉降量

8．线路沉降变形评估报告除包含铺轨后至交验期间沉降变形情况分析内容外，还应包含（   ）。

 A．观测点的沉降预测分析   B．洞顶沉降分析

 C．桥梁徐变分析   D．沉降变形评估

 E．评估结论及建议

9．桥梁的细部放样主要包括（   ）。

A. 基础施工放样   B. 墩台身的施工放样

C. 梁身的细部放样   D. 顶帽及支撑垫石的施工放样

E. 架梁时的落梁测设工作

10. 小桥施工测量的主要内容有（   ）。

A. 桥梁控制测量   B. 墩台定位及其轴线测设

C. 桥梁细部放样   D. 变形观测

E. 竣工测量

11. 桥梁竣工测量分两阶段进行，第一阶段是在桥梁墩台施工完毕、梁部架设前对全线桥梁进行贯通测量，其测量内容包括（   ）。

A. 墩台的纵向中心线   B. 墩台的横向中心线

C. 支承垫石顶高程   D. 桥面的宽度

E. 墩台间跨度

12. 涵洞按其与线路的相对位置分类，可分为（   ）。

A. 正交涵   B. 交通涵

C. 过水涵   D. 斜交涵

E. 倒虹吸

13. 涵洞定位的方法包括（   ）。

A. 偏角法   B. 测距法

C. 极坐标法   D. 直线延伸法

E. 逐渐趋近法

14. 隧道相向开挖时，在相同贯通里程的中线点空间存在不相重合，此两点在空间的连接误差名称包含（   ）。

A. 贯通误差   B. 闭合误差

C. 横向误差   D. 纵向误差

E. 高程误差

15. 隧道工程施工需要进行的主要测量工作包括（   ）。

A. 洞外控制测量   B. 洞外、洞内的联系测量

C. 洞内控制测量   D. 洞内施工模板定位测量

E. 地面变形测量

16. 隧道竣工测量内容包括（   ）。

A. CPⅡ控制网测量   B. 水准贯通测量

C. 中线贯通测量   D. 衬砌侵限测量

E. 横断面测量

17. 隧道进洞测量是将洞外的（   ）引测到隧道内，使洞内和洞外建立统一坐标和高程系统。

A. 坐标   B. 高程

C. 方向   D. 角度

E. 平面位置
18. 铁路工程结构物倾斜监测方法有（　　　　）。

A. 激光准直法　　　　　　　　　　B. 垂线法

C. 摄影测量法　　　　　　　　　　D. 差异沉降法

E. 经纬仪投点法

参考答案

【1C411010　参考答案】

一、单项选择题

1. B；　2. C；　3. A；　4. A；　5. B；　6. B；　7. C；　8. B；
9. D；　10. C

二、多项选择题

1. A、B；　　　2. A、B；　　　3. B、C、D；　　　4. A、C；

5. A、B、D、E；　6. A、C、D、E；　7. D、E；　　　8. A、B、D；

9. A、B、C、D；　10. A、B、C、D

【1C411020　参考答案】

一、单项选择题

1. B；　2. B

【1C411030　参考答案】

一、单项选择题

1. A；　2. B；　3. C；　4. D；　5. C；　6. A；　7. D；　8. C；
9. B；　10. B；　11. D；　12. C；　13. D；　14. C；　15. B；　16. A；
17. D；　18. B；　19. D；　20. B

二、多项选择题

1. A、B、C、E；　2. B、C、E；　　3. A、B、C、D；　4. C、E；

5. A、E；　　　6. A、B、C、E；　7. A、C、D、E；　8. A、C、D、E；

9. A、B、D、E；　10. B、C、D、E；　11. A、B、D、E；　12. A、D；

13. A、C、D；　14. A、B、C、E；　15. A、B、C；　16. A、B、C、E；

17. A、B、C；　　18. A、B、D、E

1C412000　铁路工程材料

1C412010　水泥使用范围及质量检验评定方法

复习要点

1. 水泥使用范围
2. 水泥质量检验评定方法

一　单项选择题

1. 在快硬硅酸盐水泥的使用过程中，如果对于水泥的质量问题存在怀疑或者出厂日期超过（　　）个月，应进行复检。
   A. 0.5　　　　　　　　　　　　B. 1
   C. 2　　　　　　　　　　　　　D. 3

2. 下列指标中试验结果被评定为不符合标准，可判定水泥为废品的是（　　）。
   A. 细度　　　　　　　　　　　B. 终凝时间
   C. 初凝时间　　　　　　　　　D. 出厂编号

3. 对混凝土有快硬高强要求的条件下不宜使用（　　）。
   A. 硅酸盐水泥　　　　　　　　B. 普通硅酸盐水泥
   C. 快硬硅酸盐水泥　　　　　　D. 火山灰水泥

4. 快硬硅酸盐水泥不得在（　　）环境条件下使用。
   A. 干燥环境　　　　　　　　　B. 厚大体积
   C. 要求抗冻　　　　　　　　　D. 潮湿环境或水下

5. 在干燥环境下，不得使用（　　）。
   A. 普通水泥　　　　　　　　　B. 火山灰水泥
   C. 硅酸盐水泥　　　　　　　　D. 矿渣水泥

6. 在要求抗磨的环境下，不能使用（　　）。
   A. 普通硅酸盐水泥　　　　　　B. 矿渣水泥
   C. 火山灰水泥　　　　　　　　D. 砌筑水泥

7. 下列水泥中属于特种水泥的有（　　）。
   A. 硅酸盐水泥　　　　　　　　B. 普通硅酸盐水泥
   C. 矿渣水泥　　　　　　　　　D. 大坝水泥

1. 下列属于水泥试验项目的有（　　　）。
   A．标准稠度用水量
   B．抗冻性
   C．凝结时间
   D．细度
   E．抗渗性

2. 下列情况中属于不合格水泥的有（　　　）。
   A．初凝时间不符合标准
   B．终凝时间不符合标准
   C．细度不符合标准
   D．强度低于该强度等级的指标
   E．安定性不符合标准

3. 我国应用较多的特种水泥有（　　　）。
   A．普通硅酸盐水泥
   B．大坝水泥
   C．道路硅酸盐水泥
   D．砌筑水泥
   E．粉煤灰硅酸盐水泥

4. 下列水泥试验检测指标中，不符合标准规定时可判定水泥为废品的有（　　　）。
   A．细度
   B．初凝时间
   C．终凝时间
   D．三氧化硫含量
   E．氧化镁含量

5. 下列属于水泥质量评定标准的有（　　　）。
   A．优质水泥
   B．优良水泥
   C．合格水泥
   D．不合格水泥
   E．废品

6. 根据水泥试验评定标准，下列指标中，不符合标准规定时可评定水泥为废品的有（　　　）。
   A．氧化镁含量
   B．三氧化硫含量
   C．初凝时间
   D．胶砂强度
   E．安定性

7. 下列关于水泥检验说法正确的有（　　　）。
   A．合格水泥的各项技术指标均达到标准要求
   B．细度不符合标准规定的为不合格水泥
   C．强度达不到该强度等级的为不合格水泥
   D．初凝时间不符合标准规定的为不合格水泥
   E．终凝时间不符合标准要求的水泥为废品

8. 运抵工地（场）的水泥，应按批对同厂家、同批号、同品种、同强度等级、同出厂日期的水泥进行（　　　）等项目的检验。
   A．强度
   B．氧化镁含量

C. 细度　　　　　　　　　　D. 凝结时间

E. 安定性

1C412020　混凝土外加剂及矿物掺合料的分类及作用

复习要点

1. 外加剂的分类及作用
2. 矿物掺合料的分类及作用

一　单项选择题

1. 下列混凝土外加剂中属于高效减水剂的是（　　　　）。
   A. AEWR　　　　　　　　B. HWR-S
   C. Ac　　　　　　　　　　D. Re

2. 混凝土的（　　　）指标应根据结构设计的使用年限、所处的环境类别及作用等级确定。
   A. 耐久性　　　　　　　　B. 耐蚀性
   C. 耐磨性　　　　　　　　D. 抗裂性

二　多项选择题

1. 混凝土的耐久性指标应根据（　　　）确定。
   A. 结构设计使用年限　　　B. 水泥用量
   C. 所处环境类别　　　　　D. 作用等级
   E. 拌合设备

2. 下列可作为高性能混凝土矿物外加剂（掺合料）的有（　　　　）。
   A. 磨细矿渣　　　　　　　B. 石灰
   C. 粉煤灰　　　　　　　　D. 硅灰
   E. 磨细天然沸石

1C412030　钢筋使用范围及质量检验评定方法

复习要点

1. 钢筋使用范围
2. 钢筋质量检验评定方法

一　单项选择题

1. 常用的热轧光圆钢筋级别为Ⅰ级，强度等级代号为（　　　）。

   A．HPB300　　　　　　　　　　B．Q215

   C．Q205　　　　　　　　　　　D．Q285

2. 常用的余热处理钢筋级别为Ⅲ级，强度等级代号为（　　　）。

   A．Q235　　　　　　　　　　　B．KL400

   C．Q215　　　　　　　　　　　D．KL450

3. 用于预应力混凝土的钢绞线，按极限强度主要有（　　　）MPa和1860MPa。

   A．1450　　　　　　　　　　　B．1550

   C．1570　　　　　　　　　　　D．1670

4. 预应力钢丝分为光面钢丝、刻痕钢丝和（　　　）。

   A．螺旋肋钢丝　　　　　　　　B．盘条钢丝

   C．高强钢丝　　　　　　　　　D．冷拔钢丝

5. 钢筋原材料进场检验验收批组成中，热轧圆盘条、热轧光圆钢筋、热轧带肋钢筋和余热处理钢筋：每批钢筋应由同一牌号、同一炉罐号、同一规格、同一交货状态的钢筋组成，并不得大于（　　　）t。

   A．30　　　　　　　　　　　　B．60

   C．20　　　　　　　　　　　　D．40

6. 钢筋原材料进场检验验收批组成中，每批钢绞线应由同一牌号、同一规格、同一交货状态的钢丝组成，并不得大于（　　　）t。

   A．30　　　　　　　　　　　　B．60

   C．20　　　　　　　　　　　　D．40

7. 钢筋原材料进场检验项目中，热轧圆盘条、热轧光圆钢筋、热轧带肋钢筋、余热处理钢筋的检验项目有外观检查、极限抗拉强度、（　　　）、伸长率、冷弯试验。

   A．反复弯曲试验　　　　　　　B．松弛性能

   C．屈服强度　　　　　　　　　D．疲劳试验

8. 钢筋原材料质量评定方法中：热轧圆盘条、热轧光圆钢筋、热轧带肋钢筋和余热处

理钢筋的极限抗拉强度、屈服强度、伸长率、冷弯试验有一个项目不合格时，应（   ），则该批钢筋应判为不合格。

    A．取一批对该项目复检，当仍有 1 根不合格时

    B．再取 2 倍数量对该项目复检，当仍有 1 根不合格时

    C．再取 3 倍数量对该项目复检，当仍有 1 根不合格时

    D．再取 2 倍数量对该项目复检，当仍有相同数量以上根数不合格时

9．钢筋原材料进场检验项目中，预应力钢丝的检验项目有（   ）。

    A．外观检查、拉力（含伸长率）、反复弯曲试验、松弛性能

    B．外观检查、极限抗压强度、抗冲击强度、冷弯试验

    C．极限抗拉强度、疲劳强度、延伸率、冷弯试验

    D．极限抗拉强度、屈服强度、化学成分检验、冷弯试验

10．钢筋工程中，预制构件的吊环必须采用（   ）制作。

    A．经冷拉处理的Ⅰ级热轧光圆钢筋　　B．未经冷拉处理的Ⅰ级热轧光圆钢筋

    C．经冷拉处理的Ⅰ级热轧带肋钢筋　　D．未经冷拉处理的Ⅰ级热轧带肋钢筋

11．预应力钢丝质量的评定方法中，对拉力（含伸长率）、反复弯曲试验项目，当试验结果有一项不合格时，除该盘应判为不合格外，并应从未试验的钢丝中（   ），则该批钢丝应判为不合格。

    A．取 2 倍复检，当两项均不合格时

    B．取 2 倍复检，当仍有一项不合格时

    C．再取一批复检，当两项均不合格时

    D．再取一批复检，当仍有一项不合格时

12．钢绞线质量评定方法中，每批从（   ）做拉力试验，包括整根钢绞线的最大负荷、屈服负荷、伸长率。

    A．1 盘中截取 2 根　　　　　　　　　B．2 盘中截取 2 根

    C．3 盘中截取 3 根　　　　　　　　　D．4 盘中截取 6 根

二　多项选择题

1．常用的热轧圆盘条牌号主要有（   ）。

    A．Q215　　　　　　　　　　　　　B．Q235

    C．HRB235　　　　　　　　　　　　D．HRB500

    E．HRB450

2．钢绞线用于预应力混凝土，其极限强度主要有（   ）MPa。

    A．1500　　　　　　　　　　　　　B．1550

    C．1570　　　　　　　　　　　　　D．1650

    E．1860

3. 预应力钢丝一般分为（　　　）。

   A．光面钢丝　　　　　　　　　　B．刻痕钢丝

   C．螺旋肋钢丝　　　　　　　　　D．冷拉钢丝

   E．普通钢丝

4. 常用建筑钢材主要有（　　　）。

   A．热轧圆盘条　　　　　　　　　B．热轧光圆钢筋

   C．钢绞线　　　　　　　　　　　D．工字钢

   E．角钢

5. 常用的热轧带肋钢筋级别为Ⅱ级，牌号主要有（　　　）。

   A．HRB300　　　　　　　　　　　B．HRB335

   C．HRB400　　　　　　　　　　　D．HRB435

   E．HRB500

6. 钢筋原材料进场检验项目中，预应力钢丝的检验项目有（　　　）。

   A．外观检查　　　　　　　　　　B．拉力、反复弯曲试验

   C．重量测定　　　　　　　　　　D．冷弯试验

   E．化学成分测定

7. 预应力钢丝质量评定方法的外观质量中，钢丝表面不得有（　　　）等。

   A．裂纹　　　　　　　　　　　　B．小刺结损伤

   C．氧化铁皮　　　　　　　　　　D．肉眼可见的麻坑

   E．水渍

8. 热轧圆盘条、热轧光圆钢筋、热轧带肋钢筋和余热处理钢筋的钢筋原材料进场检验中，钢筋表面不得有（　　　），表面的凸块和其他缺陷的深度和高度不得大于所在部位尺寸的允许偏差（带肋钢筋为横肋的高度）。

   A．麻坑　　　　　　　　　　　　B．裂纹

   C．结疤　　　　　　　　　　　　D．折叠

   E．油渍

9. 针对热轧圆盘条、热轧光圆钢筋、热轧带肋钢筋和余热处理钢筋的质量评定方法，以下（　　　）项目中，当有一个项目不合格时，取双倍数量对该项目复检，当仍有 1 根不合格时，则该批钢筋应判为不合格。

   A．极限抗拉强度　　　　　　　　B．最大负荷

   C．屈服强度　　　　　　　　　　D．伸长率

   E．冷弯试验

10. 预应力钢丝质量的评定方法中，当（　　　）试验结果有一项不合格时，除该盘应判为不合格外，并应从未试验的钢丝中取双倍复检，当仍有一项不合格时，则该批钢丝应判为不合格。

    A．最大负荷　　　　　　　　　　B．反复弯曲试验

    C．屈服负荷　　　　　　　　　　D．拉力（含伸长率）

E．冷弯试验

11．下列关于常用建筑钢材说法正确的有（　　）。

    A．常用的热轧圆盘条主要有 Q215、Q235 两种牌号

    B．常用的热轧光圆钢筋级别为Ⅰ级，强度等级代号为 Q215

    C．常用的余热处理钢筋级别为Ⅲ级，强度等级代号为 KL400

    D．钢绞线按极限强度主要有 1570MPa 和 1860MPa 两种

    E．预应力钢丝分为光面钢丝、刻痕钢丝和螺旋肋钢丝等

12．钢筋原材料进场检验项目中，热轧圆盘条、热轧光圆钢筋、热轧带肋钢筋、余热处理钢筋的检验项目有（　　）。

    A．外观检查   B．抗拉强度

    C．重量测定   D．抗压强度

    E．化学成分测定

13．钢绞线的进场检验项目有（　　）。

    A．冷弯试验   B．拉力试验

    C．屈服负荷   D．伸长率

    E．松弛性能

14．钢筋质量检验时，若伸长率、（　　）和冷弯试验中有一个项目不合格，应取双倍数量对该项目复检。

    A．弹性模量   B．抗剪强度

    C．屈服强度   D．极限抗拉强度

    E．剪切模量

1C412040　混凝土配合比确定程序及无损检测方法

复习要点

1．混凝土配合比确定程序

2．混凝土结构构件无损检测方法

一 单项选择题

1．混凝土水灰比应根据施工现场的水泥、砂、石等原材料质量，由（　　）确定。

    A．理论配制强度   B．设计配制强度

    C．施工配制强度   D．实际配制强度

2．混凝土无损检测中，主要用于大面积混凝土质量检测的方法是（　　）。

    A. 回弹法   B. 拔出法

    C. 瞬态激振时域频域分析法   D. 地质雷达法

3. 混凝土施工前，应根据施工现场砂石的（   ），将理论配合比换算成施工配合比，并应有施工配料单。

    A. 强度   B. 级配

    C. 含水率   D. 含泥量

4. 结构混凝土地质雷达法具有的特点是（   ）。

    A. 简单方便，但离散性较大   B. 操作复杂，对结构有破坏

    C. 检测快速，可以检测厚度   D. 操作简便，适用基桩检测

5. 具有检测结果直观准确，可检测强度与厚度，但操作复杂，对混凝土有轻微破坏特点的结构混凝土检测方法是（   ）。

    A. 超声法   B. 回弹法

    C. 地质雷达法   D. 钻芯法

6. 当混凝土强度等级为 C20～C40，生产单位为预制混凝土构件场，此时计算配制强度时采用的混凝土强度标准差 σ 为（   ）MPa。

    A. 3.0   B. 3.5

    C. 4.0   D. 5.0

7. 在现场施工时，混凝土的配合比要根据（   ）调整后，成为施工配合比。

    A. 水灰比   B. 砂子和石子的含水率

    C. 水泥的含水率   D. 每立方米混凝土的水泥用量

二 多项选择题

1. 混凝土配合比的确定程序中包括（   ）。

    A. 混凝土理论配合比的确定   B. 混凝土和易性的确定

    C. 混凝土施工强度的确定   D. 混凝土砂率的确定

    E. 混凝土施工配合比的确定

2. 下列结构混凝土强度检测方法中，测试结果离散性较大的检测方法包括（   ）。

    A. 超声法   B. 回弹法

    C. 拔出法   D. 钻芯法

    E. 地质雷达法

3. 钻芯法检测的特点有（   ）。

    A. 检测结果直观准确   B. 可检测强度与厚度

    C. 检测快速   D. 操作复杂

    E. 对混凝土有轻微破坏

4. 下列需要结构混凝土进行无损检测的情形有（   ）。

A. 标准试件的数量不足　　　　　B. 试件质量缺乏代表性

C. 试件养护条件不达标　　　　　D. 对试件抗压强度测试结果有怀疑

E. 试件的抗压试验不符合标准规定

5. 混凝土的和易性是指（　　　）。

A. 流动性　　　　　　　　　　　B. 抗冻性

C. 黏聚性　　　　　　　　　　　D. 抗渗性

E. 保水性

6. 混凝土配合比关键在于确定（　　　）。

A. 水灰比　　　　　　　　　　　B. 水泥的用量

C. 水泥浆的用量　　　　　　　　D. 单方用水量

E. 含砂率

1C412050　混凝土质量评定方法

复习要点

1. 影响混凝土质量的因素
2. 混凝土强度等级评定方法
3. 混凝土耐久性

一　单项选择题

1. 新拌混凝土的质量主要包括（　　　）。

A. 混凝土的凝结时间和混凝土的和易性

B. 混凝土的凝结时间和混凝土的抗冻性

C. 混凝土的搅拌时间和混凝土的流动性

D. 混凝土的初凝时间和混凝土的终凝时间

2. 混凝土的和易性主要包括流动性、黏聚性、保水性和（　　　）。

A. 泌水性　　　　　　　　　　　B. 水硬性

C. 水密性　　　　　　　　　　　D. 离散性

3. 混凝土流动性的主要影响因素是混凝土的（　　　）。

A. 单方用水量　　　　　　　　　B. 搅拌时间

C. 运输距离　　　　　　　　　　D. 粗细骨料级配

4. 混凝土黏聚性的主要影响因素是混凝土的（　　　）。

A. 水泥品种　　　　　　　　　　B. 单方用水量

C．搅拌时间 D．含砂率（灰砂比）

5．关于混凝土保水性与泌水性的相互关系，下列说法正确的为（　　）。

    A．保水性好的混凝土泌水量小 B．保水性好的混凝土泌水量大

    C．保水性和泌水性没有直接关系 D．保水性和泌水性都与含水率有关

6．混凝土泌水性的主要影响因素是混凝土的（　　）。

    A．单方用水量 B．运输距离

    C．水泥品种、用量与细度 D．灰砂比

7．混凝土离析的主要影响因素是混凝土的（　　）。

    A．混凝土单方用水量 B．粗骨料及细骨料的级配

    C．水泥品种及外加剂的种类 D．混凝土含砂率（灰砂比）

8．硬化混凝土的强度主要取决于混凝土的水灰比。在一定范围内，（　　）。

    A．水灰比越小，混凝土强度越高 B．水灰比越小，混凝土强度越低

    C．水灰比越大，混凝土强度越高 D．水灰比越大，混凝土强度不变

9．硬化混凝土的弹性模量受骨料弹性模量影响最大，（　　）。

    A．骨料弹性模量越小，混凝土弹性模量越高

    B．骨料弹性模量变小，混凝土弹性模量不受影响

    C．骨料弹性模量越大，混凝土弹性模量越高

    D．骨料弹性模量越大，混凝土弹性模量越低

10．混凝土抗压强度以边长为（　　）mm 的立方体试件为标准试件。

    A．70 B．100

    C．150 D．200

11．硬化混凝土抗渗性的主要影响因素是（　　）。

    A．混凝土的灰砂比 B．混凝土的水灰比

    C．骨料级配 D．水泥品种

12．硬化混凝土抗冻性的主要影响因素是（　　）。

    A．水泥品种 B．水灰比

    C．骨料弹性模量 D．水泥石中气孔含量与孔径分布

13．硬化混凝土的抗硫酸盐侵蚀性能主要与水泥品种有关。水泥中 C_3A 含量是影响混凝土抗硫酸盐侵蚀的主要因素，且（　　）。

    A．C_3A 含量越低，混凝土的抗硫酸盐侵蚀性能越差

    B．C_3A 含量变低，混凝土的抗硫酸盐侵蚀性能不受影响

    C．C_3A 含量越高，混凝土的抗硫酸盐侵蚀性能越差

    D．C_3A 含量越高，混凝土的抗硫酸盐侵蚀性能越好

14．当混凝土生产不连续，且一个验收批试件不足（　　）组时，采用小样本方法评定混凝土等级。

    A．5 B．10

    C．15 D．20

15. 当混凝土生产条件能在较长时间内保持一致，且同一品种混凝土强度变异性能保持稳定时，可采用（   ）评定。

    A. 加权平均法　　　　　　　　　　B. 标准差已知方法

    C. 算术平均法　　　　　　　　　　D. 专家评估方法

16. 当混凝土生产条件在较长时间内不能保持一致，且同一品种混凝土强度变异性能不能保持稳定，或在前一个检验期内的同一品种混凝土没有足够的数据用以确定验收批混凝土立方体抗压强度的标准差时，应由不少于（   ）的试件组成一个验收批，采用标准差未知的统计方法评定。

    A. 3 组　　　　　　　　　　　　　B. 6 组

    C. 10 组　　　　　　　　　　　　 D. 8 组

17. 当用于评定的样本容量小于 10 组时，可采用（   ）评定混凝土强度。

    A. 加权平均法　　　　　　　　　　B. 标准差已知的统计方法

    C. 小样本方法　　　　　　　　　　D. 专家评估方法

18. 混凝土硬化过程中，在一定范围内（   ），混凝土强度越高。

    A. 养护温度越高　　　　　　　　　B. 砂子粒径越大

    C. 骨料弹性模量越大　　　　　　　D. 水灰比越小

二　多项选择题

1. 影响混凝土凝结时间的主要因素有（   ）。

    A. 水泥品种　　　　　　　　　　　B. 单方用水量

    C. 外加剂的种类　　　　　　　　　D. 含砂率

    E. 水灰比

2. 影响混凝土保水性的主要因素是混凝土的（   ）。

    A. 单方用水量　　　　　　　　　　B. 运输方法

    C. 水泥品种　　　　　　　　　　　D. 水泥用量

    E. 水泥细度

3. 混凝土强度等级评定方法中，统计方法评定包括（   ）。

    A. 标准差已知　　　　　　　　　　B. 标准差未知

    C. 离散性已知　　　　　　　　　　D. 离散性未知

    E. 期望值已知

4. 混凝土试件应在混凝土浇筑地点随机抽取，针对取样频率下列说法正确的有（   ）。

    A. 每一工作班浇筑 $100m^3$ 同配合比的混凝土，取样不应少于 1 组

    B. 每一工作班浇筑 $100m^3$ 同配合比的混凝土，取样不应少于 3 组

    C. 每一工作班浇筑的同配合比混凝土不足 $100m^3$ 时，取样不应少于 1 组

D. 每一工作班浇筑的同配合比混凝土不足 100m³ 时，取样不应少于 3 组

E. 每组 3 个混凝土试件应由同一车的混凝土中取样制作

5. 关于硬化混凝土质量，下列说法正确的是（　　）。

A. 在一定范围内，水灰比越大，混凝土强度越高

B. 水泥用量越大，混凝土收缩与徐变越大

C. 混凝土水灰比越大，硬化混凝土的抗渗性能越大

D. 引入一定数量的均匀细小气孔可以提高混凝土的抗冻性

E. 水泥中 C_3A 含量越高，混凝土的抗硫酸盐侵蚀性能越差

6. 关于硬化混凝土的干缩与徐变，下列说法正确的有（　　）。

A. 主要受水泥的品种与水泥用量的影响

B. 水泥强度发展越快，混凝土早期强度越高，混凝土徐变越大

C. 水泥强度发展越快，混凝土早期强度越高，混凝土徐变越小

D. 水泥用量越大，混凝土收缩与徐变越大

E. 水泥用量越大，混凝土收缩与徐变越小

参考答案

【1C412010　参考答案】

一、单项选择题

1. B；　2. C；　3. D；　4. B；　5. B；　6. C；　7. D

二、多项选择题

1. A、C、D；　　2. B、C、D；　　3. B、C、D；　　4. B、D、E；

5. C、D、E；　　6. A、B、C、E；　　7. A、B、C；　　8. A、C、D、E

【1C412020　参考答案】

一、单项选择题

1. B；　　2. A

二、多项选择题

1. A、C、D；　　2. A、C、D、E

【1C412030　参考答案】

一、单项选择题

1. A；　2. B；　3. C；　4. A；　5. B；　6. A；　7. C；　8. B；

9. A；　10. B；　11. B；　12. C

二、多项选择题

1. A、B；   2. C、E；   3. A、B、C；   4. A、B、C；

5. B、C、E；   6. A、B；   7. A、B、C、D；   8. B、C、D；

9. A、C、D、E；   10. B、D；   11. A、C、D、E；   12. A、B；

13. B、C、D、E； 14. C、D

【1C412040 参考答案】

一、单项选择题

1. C；   2. D；   3. C；   4. C；   5. D；   6. C；   7. B

二、多项选择题

1. A、E；   2. B、C；   3. A、B、D、E；   4. A、B、D、E；

5. A、C、E；   6. A、D、E

【1C412050 参考答案】

一、单项选择题

1. A；   2. A；   3. A；   4. D；   5. A；   6. C；   7. B；   8. A；

9. C；   10. C； 11. B； 12. D； 13. C； 14. B； 15. B； 16. C；

17. C； 18. D

二、多项选择题

1. A、C；   2. C、D、E；   3. A、B；   4. A、C、E；

5. B、D、E；   6. A、C、D

1C413000 铁路路基工程

1C413010 铁路路堑施工方法及要求

1. 路堑施工方法
2. 路堑施工要求

一 单项选择题

1. 路堑开挖应该遵循（   ）的顺序，严禁掏底开挖。

A. 从左至右   B. 从右至左

C. 从下而上   D. 从上而下

2. 平缓山地下切的短而浅的一般土石路堑，中心开挖高度小于5m，施工时宜选择（ ）开挖方式开挖路堑。

A. 全断面   B. 横向台阶

C. 逐层顺坡   D. 纵向台阶

3. 采用铲运、推土机械方法施工时，一般情况下（ ）之间的距离不大于1km。

A. 填方区和挖方区   B. 装土区和卸土区

C. 路堑和路堤   D. 铲运区和推土区

4. 对于边坡高度大于20m的坚硬岩石路堑开挖，严禁采取的爆破方法是（ ）。

A. 光面爆破   B. 深孔爆破

C. 洞室爆破   D. 预裂爆破

5. 软石和强风化岩石宜采用机械开挖，边坡高度大于（ ）的坚硬岩石可采用光面、深孔、预裂爆破开挖，严禁采用洞室爆破。

A. 10m   B. 15m

C. 18m   D. 20m

6. 在岩石的走向、倾斜不利于边坡稳定及施工安全的地带，路堑应该（ ），并采取（ ）的措施。

A. 逐层开挖　加强施工振动   B. 顺层开挖　减弱施工振动

C. 逆层开挖　加强施工振动   D. 跳层开挖　减弱施工振动

7. 冻土路堑的施工原则主要是（ ）。

A. 加速冻土融化，保持土的融冻状态

B. 加速冻土融化，加速施工

C. 防止冻土融化，保持土的天然冻结状态

D. 防止冻土融化，加大爆破用药量

8. 针对膨胀土路堑施工原则，以下说法正确的是（ ）。

A. 施工进度不能太快

B. 及时封闭

C. 基床换填可在全部开挖完后一次换填完毕

D. 不分施工段，一次施工完毕

9. 膨胀土路堑施工，当砌筑不能紧跟开挖时，开挖的边坡应暂留厚度不小于（ ）的保护层。

A. 0.3m   B. 0.4m

C. 0.5m   D. 0.8m

10. 下列开挖方法中，适用于土、石质傍山路堑开挖方法的是（ ）。

A. 全断面开挖   B. 横向台阶开挖

C. 逐层顺坡开挖   D. 纵向台阶开挖

11. 某土质路堑长度达 1.0km，两端均为路堤，最合适的施工机械是（　　　）。

　　A．推土机　　　　　　　　　　B．自行式铲运机

　　C．挖掘机　　　　　　　　　　D．装载机

二 多项选择题

1. 下列关于路堑开挖说法正确的有（　　　）。

　　A．开挖从上至下进行，严禁掏底开挖

　　B．不稳定的土质路堑边坡应分层加固

　　C．在岩石的走向、倾斜不利于边坡稳定及施工安全的地段，可顺层开挖

　　D．软石必须采用人工开挖

　　E．强风化岩石必须采用人工开挖

2. 边坡开挖应该满足的条件有（　　　）。

　　A．标出边桩连接线

　　B．经常检查边坡开挖标高

　　C．坡面应该平顺，无明显凹凸，无危面、浮土、渣堆、杂物

　　D．需设防护的边坡，应按设计及时防护

　　E．当能紧跟开挖防护时，应预留一定厚度的保护层

3. 下列关于路堑纵向台阶开挖施工说法正确的有（　　　）。

　　A．根据土石方调配要求，采用适当的钻爆、运输机具施工

　　B．既有线旁或边坡较高时，应分级开挖

　　C．路堑较长时，可适当开设马口

　　D．纵向台阶开挖不适用于土、石质傍山路堑

　　E．边坡高度大于 20m 的软弱、松散岩质路堑，宜采取分级开挖、分级支挡、分级防护和坡脚预加固措施

4. 路堑开挖可按地形情况、岩层产状、断面形状、路堑长度及施工季节，并结合施工组织设计安排的土石方调配方案选用（　　　）。

　　A．全断面开挖　　　　　　　　B．横向台阶开挖

　　C．逐层顺坡开挖　　　　　　　D．纵向台阶开挖

　　E．横纵台阶联合开挖

5. 路堑开挖施工前需开展的准备工作有（　　　）等。

　　A．核实土石方调运计划　　　　B．按规定进行现场清理

　　C．控制开挖含水量　　　　　　D．检查坡顶坡面

　　E．加密测量桩橛

6. 路堑排水系统的施工要求有（　　　）。

　　A．应先做好堑顶截、排水，并经常检查防止渗漏

B. 堑顶为土质或含有软弱夹层的岩石时，天沟应及时铺砌或采取其他防渗措施

C. 开挖区应保持排水系统通畅

D. 排出的水不得损害路基及附近建筑物地基、道路和农田

E. 现场复查施工组织设计的可行性，核实、调整土石方调运计划

7. 膨胀土路堑的施工要求包括（   ）。

A. 开挖施工宜安排在雨季

B. 设计有边坡支挡和防护的应随开挖进度及时砌筑

C. 当砌筑不能紧跟开挖时，开挖的边坡应暂留不小于 0.5m 厚度的保护层

D. 路堑开挖区域禁止一切水的流入，对于降雨流入的水要及时排出

E. 快速施工、及时封闭、分段完成

8. 路堑的基本结构包括（   ）。

A. 路堑基床底层   B. 路堑基床表层

C. 路堑排水系统   D. 路堑边坡

E. 路堑道床

9. 路堑开挖遇到下列（   ）情况时，应及时向设计单位反映。

A. 设计边坡、基床的土石种类或岩层构造与实际明显不符时

B. 因自然灾害危及堑底或边坡稳定时

C. 采用新的或特殊的施工方法，需改变边坡坡度时

D. 需增设或改变支挡、防护结构及排水设施时

E. 边坡的误差在 30cm 以内时

1C413020 铁路路堤施工方法及要求

复习要点

1. 路堤施工方法
2. 路堤施工要求

一 单项选择题

1. 设计速度 200km/h 以下的有砟轨道铁路基床以下路堤采用（   ）填料时应进行改良或采取加固措施。

A. A 组   B. B 组

C. C 组   D. D 组

2. 重载铁路、设计速度 200km/h 以下的有砟轨道铁路基床以下路堤填料最大粒径不

应大于摊铺厚度的（　　）且不应大于（　　）mm。

    A. 1/3，300　　　　　　　　　　B. 2/3，300

    C. 1/3，500　　　　　　　　　　D. 2/3，500

3. 下列填料中，可以用于设计速度200km/h客货共线铁路基床表层填料的是（　　）。

    A. A1组填料　　　　　　　　　　B. 砾石类填料

    C. 级配碎石　　　　　　　　　　D. 砂类土填料

4. 路基填筑砂类土和改良细粒土填料每层的最大压实厚度不宜大于（　　）cm，分层填筑的最小分层厚度不应小于（　　）cm。

    A. 20，10　　　　　　　　　　　B. 30，10

    C. 20，15　　　　　　　　　　　D. 30，15

5. 改良土填筑工艺试验宜选用（　　），改良土的含水率应控制在最优含水率（　　）范围内。

    A. 重型振动压路机，2%　　　　　B. 重型振动压路机，3%

    C. 轻型振动压路机，2%　　　　　D. 轻型振动压路机，3%

6. 基床以下路堤填筑施工工艺是（　　）。

    A. 两阶段、四区段、六流程　　　B. 两阶段、四区段、八流程

    C. 三阶段、四区段、六流程　　　D. 三阶段、四区段、八流程

7. 基床以下路堤填筑施工的四区段是指（　　）。

    A. 填土区段、平整区段、碾压区段和检测区段

    B. 准备区段、平整区段、碾压区段和验收区段

    C. 填土区段、整修区段、压实区段和检测区段

    D. 准备区段、整修区段、压实区段和验收区段

8. 基床以下路堤填筑施工的八流程为（　　）、摊铺平整、洒水晾晒、碾压夯实、检测签证和路基修整。

    A. 施工测量、地基处理、分层填筑　　B. 施工准备、基底处理、分层填筑

    C. 施工测量、边坡整理、分层填土　　D. 施工准备、边坡整理、分层填土

9. 下列项目中，路堤碾压区段交接处重叠压实长度不应小于2m的是（　　）。

    A. 上下填筑接头　　　　　　　　B. 纵向行与行之间重叠

    C. 纵向搭接长度　　　　　　　　D. 横向同层接头处重叠

10. 路基填筑，当渗水土填在非渗水土上时，非渗水土顶层面应向两侧设置（　　）的横向排水坡。

    A. 3%　　　　　　　　　　　　　B. 4%

    C. 5%　　　　　　　　　　　　　D. 6%

11. 下列项目中，属于基床以下路基填筑碾压顺序和操作程序的是（　　）。

    A. 先中间后两侧，先弱振后静压、再强振

    B. 先中间后两侧，先静压后弱振、再强振

    C. 先两侧后中间，先弱振后静压、再强振

D．先两侧后中间，先静压后弱振、再强振

12．过渡段掺水泥级配碎石混合料宜在（　　）h内填筑压实完毕。

A．2
B．3
C．4
D．5

二 多项选择题

1．铁路路堤的构造自下至上一般为（　　）。

A．地基以下
B．地基
C．基床以下路堤
D．基床底层
E．基床表层

2．下列属于重载铁路和设计速度200km/h及以下的有砟轨道铁路基床以下路堤填料的有（　　）。

A．A组填料
B．B组填料
C．C组填料
D．D组填料
E．化学改良土

3．下列属于基床表层填料确定依据的有（　　）。

A．铁路等级
B．施工方法
C．设计速度
D．机械型号
E．轨道类型

4．下列属于级配碎石填筑工艺试验应确定的指标有（　　）。

A．生产用配合比
B．相应碾压遍数
C．施工组织方式
D．施工延迟时间
E．机械配套方案

5．路基填筑的"三阶段"是指（　　）。

A．检测阶段
B．准备阶段
C．施工阶段
D．填土阶段
E．整修验收阶段

6．下列关于基床表层填筑要求的说法，正确的有（　　）。

A．基床表层级配碎石宜采用拌合站场拌法生产
B．拌合场内不同粒径的碎石等集料应分类堆放
C．基床表层级配碎石的摊铺可采用推土机进行
D．碾压作业采用先静压、后弱振、再振动方式
E．严禁机械在已完成或正在碾压的路基上调头

7．属于基床表层级配碎石填筑工艺"四区段"的是（　　）。

A．摊铺区段
B．填筑区段

C．平整区段　　　　　　　　　D．碾压区段

E．检测区段

8．基床表层级配碎石填筑工艺流程包括（　　　）。

A．拌合运输　　　　　　　　　B．分层摊铺

C．填料平整　　　　　　　　　D．洒水晾晒

E．整修养生

1C413030　铁路地基处理方法及施工要求

复习要点

1．地基处理方法

2．地基处理施工要求

一　单项选择题

1．碎石垫层应采用级配良好且不易风化的砾石或碎石，其最大粒径不应大于（　　　）mm，细粒含量不应大于（　　　），且不含草根、垃圾等杂质。

A．50，15%　　　　　　　　　B．50，10%

C．75，15%　　　　　　　　　D．75，10%

2．砂垫层应采用中、粗砂或砾砂，不含草根、垃圾等杂质，含泥量不应大于（　　　）；用作排水固结时，含泥量不应大于（　　　）。

A．8%，6%　　　　　　　　　B．7%，5%

C．6%，4%　　　　　　　　　D．5%，3%

3．下列振动碾压施工顺序正确的是（　　　）。

A．弱振→静压→强振→静压→弱振　　B．弱振→强振→静压→强振→弱振

C．静压→弱振→强振→弱振→静压　　D．静压→强振→弱振→强振→静压

4．振动碾压应控制碾压速度，正确的施工顺序是（　　　）。

A．由地基处理两侧向中心碾压　　B．自边坡坡脚一侧顺时针碾压

C．以振动面中心为轴转圈碾压　　D．自边坡坡脚一侧逆时针碾压

5．相邻两段冲击碾压搭接长度不宜小于（　　　）m，振动碾压搭接长度不宜小于（　　　）。

A．20，5　　　　　　　　　　B．20，10

C．15，5　　　　　　　　　　D．15，10

6．强夯置换施打顺序宜（　　　），逐一完成全部夯点的施工。

A. 由外向内，隔孔分序跳打　　　　B. 由内向外，隔孔分序跳打

C. 由外向内，依次顺序施打　　　　D. 由内向外，依次顺序施打

7. 真空预压密封膜铺设时要适当放松，表面不应损坏。膜与膜之间应采用（　　）粘接，加工的搭接长度不应小于 15mm。

A. 热粘法　　　　　　　　　　　　B. 冷粘法

C. 搭接法　　　　　　　　　　　　D. 缝合法

8. 堆载预压卸载时间应根据观测资料和工后沉降推算结果，由（　　）组织进行卸载评估，评估通过后方可卸载。

A. 设计单位　　　　　　　　　　　B. 监理单位

C. 建设单位　　　　　　　　　　　D. 评估单位

9. 挤密桩所用土的质量应符合设计要求，且有机质含量不应大于（　　），土块粒径不应大于（　　）mm，不应含有杂土、冻土或膨胀土及砖、瓦和石块等。

A. 8%，15　　　　　　　　　　　B. 8%，20

C. 5%，15　　　　　　　　　　　D. 5%，20

10. 粉体喷射搅拌桩成桩过程中，应保证边喷粉、边提升连续作业。因故缺粉或停工时，第二次喷粉应重叠接桩，接桩重叠最小长度为（　　）m。

A. 0.5　　　　　　　　　　　　　B. 1.0

C. 1.5　　　　　　　　　　　　　D. 2.0

11. 浆体喷射搅拌桩施工应确保喷浆连续均匀。因故停浆继续施工时必须重叠接桩，接桩长度最小为（　　）m。

A. 0.5　　　　　　　　　　　　　B. 1.0

C. 1.5　　　　　　　　　　　　　D. 2.0

12. 岩溶处理注浆结束 28d 后应按设计要求进行试验，检查是否有充填结实体，检测充填率、结实体强度。采用的试验方法是（　　）。

A. 以超声回弹方法为主，辅以综合物探、注水或灌浆试验

B. 以超声回弹方法为主，辅以钻孔取芯、注水或灌浆试验

C. 以钻孔取芯方法为主，辅以综合物探、注水或灌浆试验

D. 以综合物探方法为主，辅以钻孔取芯、注水或灌浆试验

二　多项选择题

1. 铁路工程地基处理的方法有（　　）。

A. 碎石垫层　　　　　　　　　　　B. 砌筑块石

C. 振动碾压　　　　　　　　　　　D. 真空预压

E. 强夯置换

2. 下列说法符合换填施工工艺要求的有（　　）。

A. 挖开后坑底应按设计要求整平并碾压密实

B. 采用机械挖除时应预留保护层由人工清理

C. 开挖后底部起伏较大时宜设置台阶或缓坡

D. 底部起伏部位按先浅后深的顺序进行换填

E. 换填部位开挖完成后应及时分层填筑碾压

3. 冲击（振动）碾压施工前应选取代表性场地进行工艺性试验，需要确定的工艺参数有（　　　）。

A. 走行路线

B. 压实能力

C. 走行速度

D. 碾压厚度

E. 碾压遍数

4. 下列关于袋装砂井施工工艺的说法，符合规定的有（　　　）。

A. 袋装砂井打设机具按设计桩位就位

B. 用振动贯入法将成孔套管沉入土中

C. 连续缓慢提升套管，直至拔离地面

D. 成孔套管的内径宜略小于砂井直径

E. 连续两次将砂袋带出时应停止施工

5. 下列关于塑料排水板施工工艺的说法，符合规定的有（　　　）。

A. 塑料排水板插设机具应按设计桩位就位

B. 沉入导管将塑料排水板插入至设计深度

C. 塑料排水板打设长度不够时应接长使用

D. 拔导管带出淤泥应及时清除并用砂回填

E. 塑料排水板打入深度应当符合设计要求

6. 下列关于砂（碎石）桩施工的说法，正确的有（　　　）。

A. 选用活瓣桩靴时砂性土地基宜采用平底型

B. 碎石桩施工结束后，应立即进行质量检验

C. 砂桩软弱黏性土地基宜从中间向外围施工

D. 碎石桩砂性土地基应当从外围向中间进行

E. 砂（碎石）桩完成后应进行桩身质量检验

7. 挤密桩施工前应进行成桩工艺性试验，水泥土桩应确定的工艺参数有（　　　）。

A. 夯击遍数

B. 走行路线

C. 分层厚度

D. 走行速度

E. 最优含水率

8. 下列关于挤密桩施工的说法，正确的有（　　　）。

A. 整片处理施工时成桩施工宜从外向中间

B. 局部处理时宜由内向外同排间隔2～3孔

C. 地基土含水率宜接近最优含水率或塑限

D. 增湿处理应当在地基处理前4～6d完成

E. 回填填料应分层夯击密实，不宜隔日施工

9. 下列关于柱锤冲扩桩施工的说法，正确的有（　　）。

　　A. 柱锤冲扩桩施工前应该进行成桩工艺性试验

　　B. 柱锤冲扩桩成孔机械应当根据地质条件选择

　　C. 成孔和填料夯实的施工顺序宜采用连续施打

　　D. 柱锤长度不够时，可先填部分土再进行冲扩

　　E. 冲击难以成孔时可采用填料冲击成孔等方法

10. 下列关于长螺旋钻管内泵压混合料灌注施工工艺的说法，正确的有（　　）。

　　A. 调整钻机钻杆垂直地面并对准桩位中心

　　B. 钻进时先快后慢，钻至设计深度并停钻

　　C. 泵送混合料芯管充满混合料后开始拔管

　　D. 水泥粉煤灰碎石混合料应用搅拌机拌和

　　E. 严格控制钻机钻杆（或沉管）的垂直度

1C413040　铁路路基支挡结构及施工要求

复习要点

1. 路基支挡结构
2. 路基支挡结构施工要求

一　单项选择题

1. 地基强度较大，墙高大于（　　），小于等于（　　）的挡墙可采用短卸荷板式挡土墙。

　　A. 6m，12m　　　　　　　　　　　　B. 8m，12m

　　C. 10m，14m　　　　　　　　　　　　D. 12m，14m

2. 短卸荷板式挡土墙由上、下墙和卸荷板组成，上下墙高度比例一般取（　　），墙身可采用石砌体。

　　A. 1:1　　　　　　　　　　　　　　B. 2:1

　　C. 1:6　　　　　　　　　　　　　　D. 4:6

3. 短卸荷板式挡土墙的材料其最低强度等级（　　）。

　　A. 水泥砂浆应为 M10；混凝土应为 C20

　　B. 水泥砂浆应为 M10；混凝土应为 C30

　　C. 水泥砂浆应为 M20；混凝土应为 C20

　　D. 水泥砂浆应为 M20；混凝土应为 C30

4. 悬臂式挡土墙高度不宜大于 6m。当墙高大于 4m 时，宜在墙面板前加肋。墙顶宽度不应小于（   ）。

    A．0.2m

    B．0.4m

    C．0.6m

    D．0.8m

5. 扶壁式挡土墙高度不宜大于（   ）。

    A．12m

    B．10m

    C．8m

    D．6m

6. 下列情形中，适合采用钢筋混凝土扶壁式挡土墙的是（   ）。

    A．石料缺乏地基承载力较低路堤地段

    B．不良地质路堤地段

    C．地震动峰值加速度为 0.2g 以上地区

    D．一般岩质路堑地段

7. 肋柱式锚杆挡土墙可根据地形采用单级或多级，每级墙高度不宜大于 8m，具体高度可视地质和施工条件而定，总高度不宜大于（   ）。

    A．10m

    B．15m

    C．18m

    D．22m

8. 加筋土挡土墙的高度在 I 级干线上不宜大于（   ）。

    A．4m

    B．9m

    C．10m

    D．11m

9. 土钉墙灌浆宜采用压力灌浆，灌浆压力一般为（   ）。

    A．0.2MPa

    B．0.3MPa

    C．0.4MPa

    D．0.5MPa

10. 某地区为岩质路堑，且该岩质破碎软弱，则应优先选择（   ）。

    A．重力式挡土墙

    B．预制短卸荷板式挡土墙

    C．锚杆挡土墙

    D．土钉墙

11. 桩板墙顶位移应满足（   ）。

    A．小于桩悬臂端长度的 1/100，且不宜大于 10cm

    B．小于桩悬臂端长度的 1/20，且不宜大于 10cm

    C．小于桩悬臂端长度的 1/100，且不宜大于 20cm

    D．小于桩悬臂端长度的 1/20，且不宜大于 20cm

12. 预应力锚索可用于土质、岩质地层的边坡及地基加固，其锚固段宜置于（   ）。

    A．地基基础内

    B．稳定岩层内

    C．砌体内

    D．锚固层内

13. 浆砌片石砌体必须选用质地坚硬、不易风化、无裂纹、无水锈的片石，其母岩强度等级应 ≥ MU30，片石应采用（   ）施工。

    A．挤浆法砌筑；严禁使用灌浆法

    B．挤浆法砌筑；最好使用灌浆法

    C．灌浆法砌筑；严禁使用挤浆法

    D．灌浆法砌筑；不得使用挤浆法

14. 在一般地区、浸水地区和地震地区的路堑，可选用（　　　）。

    A．悬臂式挡土墙
            B．加筋挡土墙

    C．重力式挡土墙
            D．锚杆挡土墙

15. 下列关于路基支挡结构施工要求说法正确的是（　　　）。

    A．岩体完整地段修建支挡结构宜在旱季施工

    B．浆砌片石使用石料最小块径应大于 10cm

    C．大块片石浆砌可以采用灌浆法施工

    D．支挡结构施工前应作好截排水设施

二　多项选择题

1. 下列关于重力式挡土墙说法正确的有（　　　）。

    A．浸水地区和地震地区的路堤和路堑，不宜采用重力式挡土墙

    B．重力式挡土墙墙身材料可采用石砌体、片石混凝土或混凝土

    C．重力式挡土墙伸缩缝或沉降缝内两侧壁应竖直、平齐、无搭叠

    D．为使重力式挡土墙不出现病害，宜将排水孔砌成倒坡

    E．重力式挡土墙的泄水孔应在砌筑墙身时留置，必须排水畅通

2. 下列关于短卸荷板式挡土墙施工要求的说法，正确的有（　　　）。

    A．适合地基强度较小地段采用

    B．上下墙高度比例一般取 4∶6

    C．当墙高大于 8m 时应采用混凝土

    D．片石材料应采用不易风化的石块

    E．卸荷板制作宜采用就地浇筑

3. 下列适用于锚杆挡土墙的有（　　　）。

    A．高度在 I 级干线上不宜大于 10m

    B．可以根据地形采用单级或多级

    C．高度宜控制在 20m 以内，墙面胸坡宜为 1∶0.1～1∶0.4

    D．安装墙板时应随安装随做墙背填土

    E．可以用于一般地区岩质路堑地段，根据地质及工程地质情况，可以选用肋柱式或无肋柱式结构形式

4. 锚杆挡土墙和锚定板挡土墙共有（　　　）的特点。

    A．可用于一般地区土质及破碎软弱岩质路堑地段

    B．根据地质及工程地质情况，可以选用肋柱式或无肋柱式结构形式

    C．可以根据地形采用单级或多级

    D．应按设计要求做防锈处理和防水封闭

    E．高度在 I 级干线上不宜大于 10m

5. 下列关于悬臂式和扶壁式挡土墙使用范围和施工要求的说法，正确的有（　　　）。

    A. 扶壁式挡土墙宜在石料缺乏且地基承载力较低的路堤地段采用

    B. 扶壁式挡土墙高度不宜大于 6m，墙顶宽度不应小于 0.15m

    C. 悬臂式挡土墙每段墙的底板、面板和肋的钢筋应一次绑扎完成

    D. 挡土墙墙体必须达到设计强度的 70% 以后才可进行墙背填土

    E. 装配式、扶壁式挡土墙可以在不良地质地段采用

6. 下列关于路基支挡结构施工要求的说法，正确的有（　　　）。

    A. 在岩体破碎或有水地段修建支挡结构应集中力量长段拉开挖基

    B. 浆砌片石砌体应使用坚硬、不易风化的片石并采用灌浆法施工

    C. 支挡结构施工前，应在支挡结构上方做好截、排水及防渗设施

    D. 挡土墙施工应保证排水设施的施工质量并及时回填基坑和墙背

    E. 挡土墙和隧道洞门连接时应协调配合施工，必要时加临时支撑

7. 下列关于加筋挡土墙使用范围和施工要求的说法，正确的有（　　　）。

    A. 加筋挡土墙可在一般地区用作路堤墙

    B. 连续敷设的拉筋接头应置于拉筋尾部

    C. 加筋挡土墙高度在 Ⅰ 级干线上不宜小于 10m

    D. 拉筋应具有粗糙面，并按设计布置水平铺设

    E. 安装直立式墙面板应按不同填料预设仰斜坡

8. 下列关于预应力锚索使用范围和施工要求的说法，正确的有（　　　）。

    A. 预应力锚索可用于岩质地层边坡及地基加固

    B. 预应力锚索应采用高强度低松弛钢绞线制作

    C. 预应力锚索施工装索紧后工序是灌浆和封孔

    D. 制作承压板时，垫墩顶面要做到平整、坚固

    E. 预应力锚固性能试验应按监理单位标准执行

9. 下列关于桩板式挡土墙施工要求的说法，正确的有（　　　）。

    A. 桩板式挡土墙可用于浸水地区的路堑支挡

    B. 挡土墙桩的自由悬臂端长度不宜小于 15m

    C. 桩板墙顶位移应小于桩悬臂端长度的 1/100

    D. 挡土板安装时应随时安装随时填板后反滤层

    E. 当桩间为喷锚支护时，桩间土体应分层开挖

10. 能在一般地区的路堤和路堑上使用的挡土墙类型有（　　　）。

    A. 重力式挡土墙　　　　　　　　B. 土钉墙

    C. 锚杆挡土墙　　　　　　　　　D. 桩板式挡土墙

    E. 加筋挡土墙

1C413050 铁路路基坡面防护方式及施工要求

复习要点

1. 路基坡面防护方式
2. 路基坡面防护施工要求

一 单项选择题

1. 边坡植物防护的植被成活率应达到（　　）以上。
   A. 80%
   B. 85%
   C. 90%
   D. 95%

2. 边坡植物防护采用土工网格、土工网垫喷播植草防护时，铺设网格、网垫应与坡面密贴，上、下边埋入土中不宜小于（　　）。
   A. 0.4m
   B. 0.3m
   C. 0.2m
   D. 0.1m

3. 下列边坡防护形式中，需要同时设置伸缩缝、泄水孔和反滤层的是（　　）。
   A. 边坡植物防护
   B. 骨架植物防护
   C. 边坡挂网锚喷
   D. 浆砌片石护坡

4. 边坡挂网锚喷（含锚杆、挂网）防护在雨、雪、大风天气及气温低于（　　）时不得进行喷射作业。
   A. 0℃
   B. 2℃
   C. 3℃
   D. 5℃

5. 边坡挂网锚喷（含锚杆、挂网）防护时，喷层厚度应满足设计要求。当喷层厚度（　　）。
   A. 大于7cm时，宜分两层施喷；喷后应养护5～7d
   B. 大于10cm时，宜分两层施喷；喷后应养护5～7d
   C. 大于7cm时，宜分两层施喷；喷后应养护8～10d
   D. 大于10cm时，宜分两层施喷；喷后应养护8～10d

6. 浆砌片石护坡，护墙防护砌体应采用坚硬、不易风化的片石用挤浆法砌筑；片石的强度应（　　）。
   A. ≥MU20
   B. ≥MU25
   C. ≥MU30
   D. ≥MU35

7. 支顶危石、悬岩，其砌体基础应置于完整、稳固的岩体上，并（　　）。
   A. 整平或凿成台阶
   B. 整平或凿成斜面

C．砌平或凿成斜面　　　　　　　D．砌平或开挖基坑

8．干砌片石护坡应该（　　　），厚度均匀。

　　A．自下而上逐排砌筑　　　　　B．自上而下随挖随砌

　　C．自左而右横向推进　　　　　D．自右而左横向推进

9．干砌片石护坡采用卵石砌筑时，同层卵石块径应大体一致，卵石（　　　），裁砌挤紧。

　　A．短轴应平行坡面　　　　　　B．短轴应垂直坡面

　　C．长轴应平行坡面　　　　　　D．长轴应垂直坡面

10．边坡渗沟内应填充（　　　），底部应填充块径不小于30cm的石块。

　　A．粗砂　　　　　　　　　　　B．混凝土

　　C．硬石块　　　　　　　　　　D．黏土

11．护坡的垫层或反滤层应严格按照设计的参数、厚度和颗粒级配的要求施工，砂、砾石应筛选清洗，含泥量不得大于（　　　），采用土工织物做反滤层时，施工应符合现行《铁路路基土工合成材料应用技术规范》的规定。

　　A．3%　　　　　　　　　　　B．5%

　　C．15%　　　　　　　　　　D．20%

12．在设有挡土墙或地下排水设施地段，挡土墙、排水设施及防护的施工顺序正确的是（　　　）。

　　A．先做好挡土墙、防护，再做排水设施

　　B．先做好挡土墙、排水设施，再做防护

　　C．先做好防护、挡土墙，再做排水设施

　　D．先做好防护、排水设施，再做挡土墙

二　多项选择题

1．路基边坡防护方式有（　　　）。

　　A．夯填　　　　　　　　　　　B．采用填缝、灌浆等加固边坡

　　C．干砌片石护坡　　　　　　　D．边坡渗沟

　　E．边坡挂网锚喷混凝土防护

2．骨架植物护坡的施工要求有（　　　）。

　　A．当骨架内需另铺种植土时，应先将坡面适当清刷

　　B．当采用浆砌片石骨架时，应在路堤填土沉降已趋稳定后施工

　　C．无须修筑养护阶梯

　　D．骨架内的种植土应与骨架表面齐平，并与骨架和坡面密贴

　　E．骨架内撒播草籽，并养护管理至成活率达90%

3．采用填缝、灌浆、嵌补、支顶等措施防护、加固边坡时，嵌补坡面空洞及凹槽，

应先清除松动岩石，再将基座凿平，并保持襟边宽度不小于0.5m，然后再行砌筑；应做到（　　）。

    A. 灌浆砌筑   B. 自上而下

    C. 嵌体稳固   D. 表面平顺

    E. 周边封严

4. 下列关于边坡渗沟施工要求的说法，正确的有（　　）。

    A. 沟底铺砌应置于稳定地层上

    B. 沟内底部填料块径不小于15cm

    C. 台阶连接处应砌筑密贴，防止漏水

    D. 采用土工合成材料作渗沟反滤层

    E. 顶面应预留地表水流入槽口

5. 下列关于边坡防护的说法，正确的有（　　）。

    A. 路基防护应在适宜的时间施工并及时完成

    B. 在设有挡土墙地段应先做防护再做挡土墙

    C. 防护坡体面有地下水露头时应做引排处理

    D. 防护层和土石坡面密贴结合，背后不留空隙

    E. 防护砌体施工应符合现行铁路施工规范

1C413060　铁路路基防排水方式及施工要求

复习要点

1. 路基防排水方式
2. 路基防排水施工要求

一　单项选择题

1. 路堑应于路肩两侧设置（　　）。

    A. 天沟   B. 截水沟

    C. 侧沟   D. 挡水墙

二　多项选择题

1. 在路基工程防排水设计时，对路基有危害的地下水，应根据（　　），选用适宜的

排除地下水设施。

    A. 地下水类型   B. 地层分布

    C. 含水层埋藏深度   D. 地层的渗透性

    E. 对环境的影响

2. 路基防排水设计中，当地下水埋深浅或无固定含水层时，可采用（   ）。

    A. 明沟   B. 排水槽

    C. 渗水暗沟   D. 渗井

    E. 渗管

3. 路基防排水设计中，当地下水埋深较深或为固定含水层时，可采用（   ）。

    A. 渗水隧洞   B. 排水槽

    C. 渗水暗沟   D. 渗井

    E. 渗管

4. 下列关于路基防排水施工要求的说法，正确的有（   ）。

    A. 路基工程施工前，应抽干地下水

    B. 路基施工中应核对全线排水系统

    C. 应先做主体工程随后做好临时防排水设施

    D. 施工期各类防排水设施应及时维修和清理

    E. 砌体及反滤层材料、设置应符合设计要求

参考答案

【1C413010 参考答案】

一、单项选择题

1. D;   2. A;   3. B;   4. C;   5. D;   6. B;   7. C;   8. B;

9. C;   10. D;   11. B

二、多项选择题

1. A、B、C;   2. A、C、D;   3. A、B、C、E;   4. A、B、C、D;

5. A、B、D、E;   6. A、B、C、D;   7. B、C、D、E;   8. A、B、C、D;

9. A、B、C、D

【1C413020 参考答案】

一、单项选择题

1. D;   2. B;   3. C;   4. B;   5. A;   6. D;   7. A;   8. B;

9. C;   10. B;   11. D;   12. C

二、多项选择题

1. B、C、D、E；   2. A、B、C、E；   3. A、C、E；   4. A、B、C、E；

5. B、C、E；   6. A、B、D、E；   7. A、C、D、E；   8. A、B、C、E

【1C413030　参考答案】

一、单项选择题

1. B；   2. D；   3. C；   4. A；   5. C；   6. B；   7. A；   8. C；

9. C；   10. B；   11. A；   12. D

二、多项选择题

1. A、C、D、E；   2. A、B、C、E；   3. A、C、E；   4. A、B、C、E；

5. A、B、D、E；   6. C、D、E；   7. A、C、E；   8. C、D、E；

9. A、B、E；   10. A、C、D、E

【1C413040　参考答案】

一、单项选择题

1. A；   2. D；   3. A；   4. A；   5. B；   6. A；   7. C；   8. C；

9. A；   10. D；   11. A；   12. B；   13. A；   14. C；   15. D

二、多项选择题

1. B、C、E；   2. B、D、E；   3. B、D、E；   4. B、C、D；

5. A、C、D；   6. C、D、E；   7. A、B、D、E；   8. A、B、D；

9. A、C、D、E；   10. A、D

【1C413050　参考答案】

一、单项选择题

1. C；   2. A；   3. D；   4. A；   5. A；   6. C；   7. A；   8. A；

9. D；   10. C；   11. B；   12. B

二、多项选择题

1. B、C、D、E；   2. A、B、D、E；   3. C、D、E；   4. A、C、D；

5. A、C、D、E

【1C413060　参考答案】

一、单项选择题

1. C

二、多项选择题

1. A、C、D、E；   2. A、B、C；   3. A、D、E；   4. B、D、E

1C414000　铁路桥涵工程

1C414010　铁路桥梁基础施工方法

复习要点

1. 扩大基础施工方法
2. 桩基础施工方法
3. 承台施工方法
4. 沉井基础施工方法

一　单项选择题

1. 沉入桩施工流程中"接桩"工序的前序工作是（　　　）。
   A. 桩位放样
   B. 桩架就位
   C. 振动沉桩
   D. 沉桩检验

2. 正循环旋转钻机适用于黏性土、砂类土和（　　　）。
   A. 软岩
   B. 硬岩
   C. 砾石
   D. 卵石

3. 钻孔桩浇筑水下混凝土前，应测量沉渣厚度，柱桩一般不大于（　　　），摩擦桩不大于（　　　）。
   A. 5cm，20cm
   B. 10cm，30cm
   C. 10cm，20cm
   D. 15cm，40cm

4. 采用振动为主、射水配合沉桩时，桩尖沉至距设计高程（　　　）m 时，应停止射水并将射水管提高，进行干振直至设计高程。
   A. 1.0
   B. 1.5
   C. 2.0
   D. 2.5

5. 振动沉桩适用于松软的或塑态的黏性土和较松散的砂土中，在（　　　）土层中可用射水配合施工。
   A. 黏性土和湿陷性土
   B. 紧密黏性土和砂质土
   C. 砂类土和碎石类土
   D. 碎石类土和卵石类土

6. 垂直开挖的坑壁条件中，对松软土质基坑深度不超过（　　　）。
   A. 0.75m
   B. 1.50m
   C. 1.75m
   D. 2.0m

7. 明挖基础中属于无护壁基坑的开挖方式的是（　　　）。

　　A. 放坡开挖　　　　　　　　　　B. 土围堰

　　C. 喷射混凝土　　　　　　　　　D. 混凝土围圈

8. 除流砂及呈流塑状态的黏性土外，适用于各类土的开挖防护类型是（　　　）。

　　A. 横、竖挡板支撑　　　　　　　B. 钢（木）框架支撑

　　C. 喷射混凝土护壁　　　　　　　D. 现浇混凝土护壁

9. 锤击沉桩应考虑锤击振动对新浇混凝土的影响，当距离在（　　　）m 范围内的新浇混凝土强度未达到（　　　）MPa 时，不得进行锤击沉桩。

　　A. 20，5　　　　　　　　　　　B. 30，5

　　C. 20，10　　　　　　　　　　 D. 30，10

10. 喷射混凝土护壁适用于（　　　）的基坑。

　　A. 稳定性不好、渗水量少　　　　B. 稳定性不好、渗水量多

　　C. 稳定性好、渗水量少　　　　　D. 稳定性好、渗水量多

11. 混凝土护壁除（　　　）外，适用于各类土的开挖防护。

　　A. 粗砂及沙性土　　　　　　　　B. 细砂及黏性土

　　C. 流砂及沙性土　　　　　　　　D. 流砂及呈流塑状态的黏性土

12. 基坑围堰通常分为（　　　）。

　　A. 土围堰、塑料围堰和木板围堰　B. 土围堰、塑料围堰和塑料板围堰

　　C. 土围堰、土袋围堰和沉井围堰　D. 土围堰、土袋围堰和钢板桩围堰

13. 土袋围堰适用于水深（　　　）的土。

　　A. 不大于 2m、流速小于 1.5m/s、河床为渗水性较大

　　B. 不大于 2m、流速小于 1.8m/s、河床为渗水性较大

　　C. 不大于 3m、流速小于 1.5m/s、河床为渗水性较小

　　D. 不大于 3m、流速小于 1.8m/s、河床为渗水性较小

14. 钢板桩围堰的施工程序是（　　　）。

　　A. 围囹的设置→围囹的安装→钢板桩整理→钢板桩的插打和合龙

　　B. 围囹的设置→钢板桩整理→围囹安装→钢板桩的插打和合龙

　　C. 钢板桩整理→钢板桩插打→围囹设置→围囹的安装和合龙

　　D. 钢板桩整理→围囹的设置→围囹安装→钢板桩的插打和合龙

15. 处理基坑基底时，黏性土层基底修整应在天然状态下铲平，不得用回填土夯平。必要时，可向基底回填（　　　）以上厚度的碎石，碎石层顶面不得高于基底设计高程。

　　A. 5cm　　　　　　　　　　　　B. 10cm

　　C. 15cm　　　　　　　　　　　 D. 20cm

16. 沉桩施工中，桩架就位后进行的工序是（　　　）。

　　A. 桩位放样　　　　　　　　　　B. 运吊插桩

　　C. 振动沉桩　　　　　　　　　　D. 沉桩检验

17. 关于锤击沉桩施工，下列说法错误的是（　　　）。

A. 锤击沉桩开始时，应用较低落距　　B. 锤击施工坠锤落距不宜大于 2m

C. 采用单打汽锤落距不宜大于 2m　　D. 每击贯入度不大于 2mm 时停锤

18. 沉入桩静力压桩适用于（　　　）。

A. 坚硬状态的黏土　　　　　　　　B. 紧密状态的砂土

C. 可塑状态黏性土　　　　　　　　D. 中密以上的砂土

19. 下列情形中，预应力混凝土沉桩施工应改用较低落距锤击的是（　　　）。

A. 进入软土地层　　　　　　　　　B. 达到设计标高

C. 遇到孤石地层　　　　　　　　　D. 出现风化岩层

20. 适用于反循环旋转钻孔清孔方式是（　　　）。

A. 吸泥法清孔　　　　　　　　　　B. 换浆法清孔

C. 掏渣法清孔　　　　　　　　　　D. 高压射风（水）辅助清孔

21. 干作业成孔的钻孔桩混凝土可按水下混凝土标准进行配制，严格按照导管法干孔浇筑，桩顶混凝土应进行振捣的范围不得少于（　　　）m。

A. 1　　　　　　　　　　　　　　　B. 2

C. 3　　　　　　　　　　　　　　　D. 4

22. 挖孔桩基础施工时，若发现桩间距比较大、地层紧密，不需要爆破时，可以采用（　　　）。

A. 对角开挖　　　　　　　　　　　B. 单孔开挖

C. 先挖中孔　　　　　　　　　　　D. 先挖边孔

23. 挖孔桩基础挖孔时，孔内应经常检查有害气体浓度，当二氧化碳浓度超过 0.3%、其他有害气体超过允许浓度或（　　　）时，均应设置通风设备。

A. 孔深超过 5m　　　　　　　　　B. 孔深超过 8m

C. 孔深超过 10m　　　　　　　　　D. 孔深超过 15m

24. 挖孔桩基础施工时，孔内爆破应采用浅眼爆破。爆破前，对炮眼附近的支撑应采取防护措施，护壁混凝土强度尚未达到（　　　）时，不宜爆破作业。

A. 1.0MPa　　　　　　　　　　　　B. 2.0MPa

C. 2.5MPa　　　　　　　　　　　　D. 3.0MPa

25. 钢筋混凝土管桩适用于入土深度不大于 25m，下沉所用振动力不大的条件，其（　　　）。

A. 制造工艺简单，设备比较复杂　　B. 制造工艺复杂，设备比较简单

C. 制造工艺和设备比较复杂　　　　D. 制造工艺和设备比较简单

26. 预应力管桩下沉深度可超过（　　　），能经受较大振动荷载或施工振动，其管壁抗裂性较强，但工艺比较复杂，需要张拉设备等。

A. 25m　　　　　　　　　　　　　　B. 5m

C. 15m　　　　　　　　　　　　　　D. 10m

27. 钢管桩的制造设备较为简单，下沉速度也较同直径的其他管桩快，但（　　　）。

A. 用钢材较少，造价比预应力管桩低

B．用钢材较少，造价比预应力管桩高

C．用钢材较多，造价比预应力管桩低

D．用钢材较多，造价比预应力管桩高

28．管桩内除土应根据土层、管桩入土深度及施工具体条件，选取适宜的除土方法。适合采用空气吸泥机的土层是（ ）。

A．黏性土   B．粉性土

C．砂类土   D．碎石土

29．双壁钢围堰一般由内外壁板、竖向桁架、水平环形桁架、刃脚组成。适用于（ ）的地层。

A．流速较小、水位较深、承台较浅   B．流速较大、水位较深、承台较浅

C．流速较大、水位较浅、承台较浅   D．流速较大、水位较深、承台较深

30．双壁钢围堰的围堰钢壳可分层、分块制造，块件大小可根据制造设备、运输条件和（ ）决定。

A．焊接能力   B．安装起吊能力

C．基础形式   D．堆放场地条件

31．吊箱围堰封底厚度应根据抽水时吊箱不上浮的原则计算确定。封底厚度不宜小于（ ）。

A．0.5m   B．1.0m

C．1.5m   D．2.0m

32．沉井基础施工流程中工序在支立外模和抽垫木之间进行的工作是（ ）。

A．安装钢刃角   B．绑扎钢筋

C．浇筑底节混凝土   D．抽水下沉

33．沉井基础施工流程中接高下沉工序后续工作是（ ）。

A．支立内模   B．填充作业

C．封底施工   D．清理基底

34．底节沉井混凝土强度达到设计强度等级（ ）以上方可拆除隔墙底面和刃脚斜面的模板和支撑，沉井的直立侧模当混凝土强度达到（ ）MPa时即可拆除，但应防止沉井表面及棱角受损。

A．70%，1.5   B．80%，1.5

C．70%，2.5   D．80%，2.5

35．垂直开挖的坑壁条件中，对密实（镐挖）的基坑深度不超过（ ）。

A．0.75m   B．1.50m

C．1.75m   D．2.0m

36．放坡开挖的基坑，基坑平面尺寸应按基础大小每边加宽（ ），基础如有凹角，基坑仍应取直。

A．0.2～0.4m   B．0.2～0.5m

C．0.3～0.5m   D．0.3～0.6m

37. 采用横、竖挡板支撑、钢（木）框架支撑施工方法，在施工完毕拆除支撑时，应（   ）分段拆除，拆一段回填夯实一段。

    A. 自上而下　　　　　　　　　　B. 自下而上

    C. 自左向右　　　　　　　　　　D. 自右向左

38. 下列关于清孔作业的说法中，错误的是（   ）。

    A. 清孔过程中应及时向孔内注清水　　B. 成孔检查合格后应立即进行清孔

    C. 换浆法清孔用于正循环旋转钻机　　D. 采用加大钻孔深度方式代替清孔

39. 清孔后孔底的沉渣厚度应满足（   ）要求。

    A. 柱桩一般不大于 10cm，摩擦桩不大于 30cm

    B. 柱桩一般不大于 5cm，摩擦桩不大于 30cm

    C. 柱桩一般不大于 10cm，摩擦桩不大于 20cm

    D. 柱桩一般不大于 5cm，摩擦桩不大于 20cm

40. 钻孔桩水下混凝土的灌注可采用（   ）。

    A. 泵送法　　　　　　　　　　　B. 横向导管法

    C. 竖向导管法　　　　　　　　　D. 直接灌注法

41. 挖孔桩施工时，在（   ）情况下设通风设备。

    A. 二氧化碳浓度超过 0.2%，其他有害气体超过允许浓度

    B. 二氧化碳浓度超过 0.1%，其他有害气体超过允许浓度

    C. 孔深超过 5m

    D. 孔深超过 10m

42. 在渗水量小的稳定土层中下沉第一节沉井时，可采用的下沉方法是（   ）。

    A. 机械抓土　　　　　　　　　　B. 吸泥下沉

    C. 排水开挖　　　　　　　　　　D. 高压射水

43. 沉井封底混凝土在浇筑过程中发生故障或对封底记录有疑问时，应采取的检查鉴定方法是（   ）。

    A. 回弹检测　　　　　　　　　　B. 地质雷达

    C. 超声检测　　　　　　　　　　D. 钻孔取样

44. 某铁路桥梁基础长 10m、宽 8m、深 3m，所处位置土质湿度正常，结构均匀，为密实黏性土。该基础开挖方法宜采用（   ）。

    A. 无护壁垂直开挖　　　　　　　B. 无护壁放坡开挖

    C. 有护壁垂直开挖　　　　　　　D. 有护壁放坡开挖

二　多项选择题

1. 沉入桩可选用的下沉施工方法有（   ）。

    A. 锤击法　　　　　　　　　　　B. 灌注法

C. 振动法　　　　　　　　　　　D. 挤密法

E. 静压法

2. 钢板桩围堰的施工工序包括（　　　）。

A. 钢板桩拆除　　　　　　　　　B. 围囹的设置

C. 围囹安装　　　　　　　　　　D. 钢板桩的插打

E. 合龙

3. 当采用围堰开挖扩大基础的基坑时，开挖方法有（　　　）。

A. 冲抓法开挖　　　　　　　　　B. 人力开挖

C. 冲吸法开挖　　　　　　　　　D. 有水开挖

E. 无水开挖

4. 下列关于静力压桩施工说法中，正确的有（　　　）。

A. 适用于可塑状态黏性土　　　　B. 宜用于坚硬状态的黏土

C. 宜用于中密以上的砂土　　　　D. 根据压桩阻力选择设备

E. 压桩时应避免中途停歇

5. 下列关于钢吊箱围堰施工的说法，正确的有（　　　）。

A. 吊箱围堰适用于低桩承台　　　B. 吊箱围堰可在浮箱上组拼

C. 吊箱围堰侧板可用单壁或双壁　D. 水上施工一般需配置施工平台

E. 吊箱围堰封底厚度不宜小于 2.0m

6. 制作沉井处的地面及岛面承载力应符合设计要求，当地面以下的软弱地层不能满足承载力要求时，可采取的加固措施有（　　　）。

A. 换填　　　　　　　　　　　　B. 打砂桩

C. 压浆　　　　　　　　　　　　D. 旋喷桩

E. 填筑反压土体

7. 基坑开挖方法可分为（　　　）。

A. 台阶法　　　　　　　　　　　B. 无护壁基坑开挖

C. 有护壁基坑开挖　　　　　　　D. 全断面法

E. 围堰基坑开挖

8. 垂直开挖的坑壁条件为：土质湿度正常，结构均匀，（　　　）。

A. 松软土质基坑深度不超过 0.75m

B. 密实（镐挖）的不超过 3.0m

C. 中等密度（锹挖）的不超过 1.25m

D. 有地下水时，深度不超过 0.5m

E. 良好石质，深度可根据地层倾斜角度及稳定情况决定

9. 铁路施工中常用的降水措施有（　　　）。

A. 特大井点降水　　　　　　　　B. 大井点降水

C. 小井点降水　　　　　　　　　D. 深井点降水

E. 浅井点降水

10. 喷射混凝土护壁施工的内容和要求有（   ）。

    A. 在基坑口挖环形沟槽　　　　　B. 浇筑混凝土坑口护筒

    C. 护筒深一般为 2.0～3.5m　　　　D. 护筒浇筑后从外向中心开挖

    E. 清理坑壁后随即施作护壁

11. 旋转钻孔可分为正循环旋转钻孔和反循环旋转钻孔。正循环旋转钻孔适用的地质条件有（   ）。

    A. 黏性土　　　　　　　　　　　B. 砂类土

    C. 卵石　　　　　　　　　　　　D. 软岩

    E. 硬岩

12. 冲击钻机施工成孔检查确认钻孔合格后，应立即进行清孔。清孔方法主要有（   ）。

    A. 掏渣法　　　　　　　　　　　B. 换浆法

    C. 吸泥法　　　　　　　　　　　D. 循环法

    E. 浮渣法

13. 下列关于钻孔桩施工时的清孔做法，叙述正确的有（   ）。

    A. 吸泥法适用于正循环旋转钻机清孔

    B. 清孔达标后应立即进行混凝土浇筑

    C. 换浆法适用于正循环旋转钻机清孔

    D. 抽渣法适用于反循环旋转钻机清孔

    E. 采用加大钻孔深度的方式代替清孔

14. 挖孔桩挖孔时，必须采取孔壁支护，孔内应经常检查有害气体浓度，当（   ）时，均应设置通风设备。

    A. 二氧化碳浓度超过 0.3%　　　　B. 二氧化碳浓度低于 0.3%

    C. 孔深超过 10m　　　　　　　　D. 孔深小于 10m

    E. 其他有害气体超过允许浓度

15. 管桩基础可适用于各种土质的基底，尤其在（   ）的自然条件下，不宜修建其他类型基础时，均可采用。

    A. 深水　　　　　　　　　　　　B. 岩面倾斜度较大

    C. 岩面不平　　　　　　　　　　D. 无覆盖层

    E. 覆盖层很厚

16. 下列符合管桩基础施工要求的有（   ）。

    A. 管桩基础适用于各种土质的基底　　B. 预应力管桩入土深度不宜大于 25m

    C. 钢管桩造价比预应力管桩造价低　　D. 管桩内除砂类土宜采用空气吸泥机

    E. 管桩内除黏性土宜采用抓泥斗

17. 钢板桩围堰施工的主要设备有（   ）。

    A. 振动打桩锤　　　　　　　　　B. 汽车吊

    C. 履带吊　　　　　　　　　　　D. 浮吊

E．运输船

18．双壁钢围堰一般由（　　　）组成。

　　A．振动打桩锤　　　　　　　　　　B．内外壁板

　　C．竖向桁架　　　　　　　　　　　D．水平环形桁架

　　E．刃脚

19．双壁钢围堰的施工要点包括（　　　）。

　　A．围堰钢壳应整体制造　　　　　　B．第一节钢围堰应做水压试验

　　C．灌水高度应符合设计要求　　　　D．灌水后应检查焊缝渗漏情况

　　E．渗漏处在排水后将焊缝铲除烘干重焊

20．钢板桩围堰的施工要点有（　　　）。

　　A．围囹安装　　　　　　　　　　　B．钢板桩整理

　　C．围囹整修　　　　　　　　　　　D．钢板桩的插打和合龙

　　E．围囹的设置

21．基坑基底的处理方法主要有（　　　）。

　　A．岩层基底应清除岩面松碎石块

　　B．黏性土层基底修整可用回填土夯平

　　C．倾斜岩层时应将岩面凿平或成台阶

　　D．基底回填碎石底面等于基底设计高程

　　E．泉眼可用堵塞或排引的方法处理

22．模筑是最基本的基础建造方法，对于扩大基础，模筑方法包括（　　　）。

　　A．测量放线　　　　　　　　　　　B．钢筋骨架绑扎

　　C．模板安装　　　　　　　　　　　D．混凝土浇筑

　　E．混凝土养生与拆模

23．在下列（　　　）情况下可采用支撑加固坑壁。

　　A．基坑开挖而影响附近建筑物，不能放坡开挖

　　B．较深基坑放坡开挖不经济

　　C．垂直开挖边坡不稳定

　　D．基坑为不稳定的含水土壤，放坡开挖无法保持边坡稳定

　　E．较深基坑垂直开挖不经济

24．下列关于基坑围堰说法正确的有（　　　）。

　　A．围堰的顶面宜高出施工期间可能出现的最高水位 1.5m

　　B．围堰应做到防水严密，减少渗漏

　　C．围堰应满足强度、稳定性的要求

　　D．堰内面积应满足基础施工的需要

　　E．围堰的顶面宜高出施工期间可能出现的最高水位 0.5m

25．下列关于明挖基础基坑基底的处理，说法正确的有（　　　）。

　　A．对岩层基底可直接砌筑基础

B. 黏性土层基底修整时，应在天然状态下铲平，不得用回填土夯平

C. 基底有泉眼时，可用堵塞或排引的方法处理

D. 砂土类土层基底承重面应修理平整，砌筑基础时，先铺一层水泥砂浆

E. 黏性土层基底一次开挖到底

26. 铁路桥梁中桩基础的类型有（　　　）。

A. 沉桩基础　　　　　　　　　　B. 钻孔桩基础

C. 挖孔桩基础　　　　　　　　　D. 管桩基础

E. 挤密桩基础

27. 下列关于钻孔桩水下混凝土灌注施工正确的有（　　　）。

A. 钻孔桩水下混凝土灌注应采用竖向导管法

B. 首批混凝土灌注后导管埋深应不小于1.0m

C. 水下混凝土浇筑用储料斗采用钢制储料斗

D. 水下混凝土应连续浇筑，中途不得停顿

E. 灌注标高应与桩顶设计标高相同，不得超出

28. 沉桩按照其施工方法可分为（　　　）。

A. 静力压桩　　　　　　　　　　B. 锤击沉桩

C. 振动沉桩　　　　　　　　　　D. 振动沉桩辅以射水

E. 人工开挖沉桩

1C414020　铁路桥梁墩台施工方法

复习要点

1. 一般墩台施工方法
2. 特殊墩台施工方法

 单项选择题

1. 铁路桥梁墩台应该按照（　　　）的施工顺序施工。

A. 墩台底面放线→基底处理→绑扎钢筋→安装模板→浇筑混凝土→养护、拆模

B. 基底处理→墩台底面放线→绑扎钢筋→安装模板→浇筑混凝土→养护、拆模

C. 墩台底面放线→基底处理→安装模板→绑扎钢筋→浇筑混凝土→养护、拆模

D. 基底处理→墩台底面放线→安装模板→绑扎钢筋→浇筑混凝土→养护、拆模

2. 目前，铁路桥梁高墩墩身施工采用的方法是（　　　）。

A. 定型钢模板　　　　　　　　　B. 组合木模板

C．倒模和滑模　　　　　　　　　　D．爬模和翻模

3．爬模施工中，爬升架爬升就位后续工序是（　　　　）。
　　A．浇筑混凝土　　　　　　　　　B．提升模板
　　C．制作钢筋笼　　　　　　　　　D．安装爬模

4．爬模施工每次浇筑混凝土面距模板顶面最小距离为（　　　　）cm。
　　A．3　　　　　　　　　　　　　　B．4
　　C．5　　　　　　　　　　　　　　D．6

二 多项选择题

1．下列措施符合墩台施工要求的有（　　　　）。
　　A．施工前将基础顶面冲洗干净　　B．模板接缝应严密，不得漏浆
　　C．混凝土基础表面应凿除浮浆　　D．工作平台应与模板支架连接
　　E．墩台混凝土宜一次连续浇筑

2．下列属于爬模系统组成部分的有（　　　　）。
　　A．中心塔吊　　　　　　　　　　B．液压顶升机构
　　C．T形支架　　　　　　　　　　D．网架工作平台
　　E．内外套架

3．下列属于铁路桥梁高墩施工方法的有（　　　　）。
　　A．固定式拼装模板　　　　　　　B．翻模
　　C．整体式安装模板　　　　　　　D．爬模
　　E．组合式拼装模板

1C414030　铁路桥梁梁部施工方法

复习要点

1．简支T形梁预制与架设方法
2．箱梁预制与架设方法
3．箱梁原位造梁方法
4．钢梁施工方法
5．连续梁施工方法
6．转体箱梁施工方法
7．拱桥施工方法
8．斜拉桥施工方法

1. 先张法预应力混凝土 T 形梁施工，整体张拉和整体放张宜采用自锁式千斤顶，张拉吨位宜为张拉力的（　　　）倍，且不得小于（　　　）倍。

A. 1.3，1.2　　　　　　　　　　　B. 1.5，1.2

C. 1.4，1.2　　　　　　　　　　　D. 1.6，1.5

2. 后张法预应力混凝土 T 形梁施工，预应力筋的张拉应以应力控制为主，伸长值作为校核，顶塞锚固后，测量两端伸长量之和不得超过计算值的（　　　）。

A. ±3%　　　　　　　　　　　　B. ±4%

C. ±5%　　　　　　　　　　　　D. ±6%

3. 按照过孔方式不同，移动模架分为（　　　）三种。

A. 上行式、下行式和复合式　　　B. 上行式、侧行式和复合式

C. 上行式、侧行式和中行式　　　D. 上行式、下行式和中行式

4. 铁路连续梁顶推法施工中，梁体制造长度应考虑预应力混凝土（　　　）的影响，并及时调整。

A. 弹性压缩、收缩、徐变　　　　B. 弹性压缩、收缩、挠度

C. 非弹性压缩、收缩、挠度　　　D. 非弹性压缩、收缩、徐变

5. 铁路大跨度混凝土连续梁主要采用（　　　）和顶推法施工。

A. 悬臂灌注法　　　　　　　　　B. 膺架法

C. 悬拼法　　　　　　　　　　　D. 拖拉法

6. 先张法预应力混凝土 T 形梁施工时，张拉台座应与张拉各阶段的受力状态适应，构造应满足施工要求。张拉横梁及锚板应能直接承受预应力筋施加的压力，其受力后的最大挠度不得大于（　　　）。

A. 2mm　　　　　　　　　　　　B. 5mm

C. 8mm　　　　　　　　　　　　D. 10mm

7. 后张法预应力混凝土 T 形梁施工采用底模联合振动时，应将两侧模板上下振动器位置交错排列。模板应设置（　　　）。

A. 正拱及预留压缩量　　　　　　B. 反拱及预留压缩量

C. 正拱及预留伸长量　　　　　　D. 反拱及预留伸长量

8. 单梁式架桥机架梁，当机动平车运送梁与主机对位工作完成后，下一道工序是（　　　）。

A. 喂梁、捆梁、吊梁、出梁　　　B. 机上横移梁或墩顶横移梁

C. 安装支座落梁就位　　　　　　D. 支起机身两侧支腿

9. 架梁前，应检查桥头填土和线路质量，确定压道加固办法和有关事项。架桥机组装后的走行地段线路必须（　　　）。

A. 坡度不大于1%　　　　　　　　B. 铺设混凝土轨枕

C. 行走平稳   D. 压道检查

10. 拖拉法架设钢梁时，以下拖拉方法不属于按牵引方式分的方法为（ ）拖拉。

    A. 长导梁   B. 通长式

    C. 接力式   D. 往复式

11. 拖拉架梁一般用于（ ）钢梁的架设，就施工方法上大体可分为纵拖和横移两类。

    A. 小跨度   B. 中等跨度

    C. 大跨度   D. 超大跨度

12. 拖拉架梁的施工工序中，在"拼装路基支墩、墩台顶面支墩和桥孔内支墩→钢梁组拼→拼装前导梁→钢梁拖拉、纠偏"完成后的下一个工序是（ ）。

    A. 钢梁就位   B. 顶梁

    C. 安装支座   D. 落梁就位

13. 根据提运梁设备、箱梁制造程序和工艺要求，制梁场有（ ）布置形式。

    A. 横列式和纵列式两种   B. 横列式、纵列式和斜列式三种

    C. 并联式和纵列式两种   D. 并联式、纵列式和斜列式三种

14. 某客运专线桥梁上部结构形式为 32m 整体箱梁，下列位置最适合选定为预制梁场的是（ ）。

    A. 标段起点远离桥群的山地   B. 桥群重心不远的干枯河床

    C. 人口密集村庄附近的稻田   D. 新建线路红线内车站位置

15. 跨制梁区龙门吊布置在生产线上，主要不是用来（ ）的。

    A. 移梁   B. 吊钢筋骨架

    C. 吊内模   D. 吊其他配件

16. 预制梁均应设置桥牌，桥牌应标明：跨度、活载等级、设计图号、梁号、（ ）、许可证编号等。

    A. 梁体材料、制造厂家、制造年月

    B. 梁体材料、制造方法、出厂年月

    C. 梁体重量、制造厂家、制造年月

    D. 梁体重量、制造方法、出厂年月

17. 预制梁在制梁场内运输、起落梁和出场装运、落梁均应采用联动液压装置或三点平面支撑方式，运输和存梁时均应保证每支点实际反力与四个支点的反力平均值相差（ ）。

    A. 不超过 ±10% 或四个支点不平整量不大于 2mm

    B. 不超过 ±20% 或四个支点不平整量不大于 2mm

    C. 不超过 ±10% 或四个支点不平整量不大于 5mm

    D. 不超过 ±20% 或四个支点不平整量不大于 5mm

18. 架桥机架梁作业时，抗倾覆稳定系数不得小于 1.3；过孔时，起重小车应位于对稳定有利的位置，抗倾覆稳定系数不得小于（ ）。

A. 1.3　　　　　　　　　　　　　B. 1.5

C. 1.8　　　　　　　　　　　　　D. 2.5

19. 运梁车装箱梁启动起步应缓慢平稳，严禁突然加速或急刹车，重载运行速度控制在（　　　）。

A. 5km/h 以内，曲线、坡道地段应严格控制在 3km/h 以内

B. 5km/h 以内，曲线、坡道地段应严格控制在 8km/h 以内

C. 10km/h 以内，曲线、坡道地段应严格控制在 3km/h 以内

D. 10km/h 以内，曲线、坡道地段应严格控制在 8km/h 以内

20. 下列不属于支架法制梁施工方法的是（　　　）。

A. 原位浇筑　　　　　　　　　　B. 旁位浇筑

C. 低位浇筑　　　　　　　　　　D. 高位浇筑

21. 高速铁路桥梁上部结构形式以常用跨度 32m、24m（　　　）为主，其中 32m 箱梁作为主梁型。

A. 双线后张法预应力混凝土简支箱梁

B. 单线后张法预应力混凝土简支箱梁

C. 双线混凝土简支箱梁

D. 单线混凝土简支箱梁

22. 高速铁路箱梁的刚度强、重量大，对制梁台座、存梁台座及提梁机轨道基础的承载能力及不均匀沉降提出了很高的要求，制梁场的位置应尽量选在地质条件好的地方，减少（　　　），尽量降低大型临时工程费用。

A. 运输距离　　　　　　　　　　B. 砂石用量

C. 混凝土用量　　　　　　　　　D. 土石方工程和基础加固工程量

23. 箱梁的运输和架设是施工组织的一个关键工序，较短的运输距离可确保箱梁运输安全和提高架梁的施工进度，运距越短越合理，一般不超过（　　　）。

A. 10km　　　　　　　　　　　　B. 15km

C. 20km　　　　　　　　　　　　D. 35km

24. 拖拉架梁施工时，若设置两种坡度，其变坡不宜大于（　　　）。

A. 2‰　　　　　　　　　　　　　B. 3‰

C. 4‰　　　　　　　　　　　　　D. 5‰

25. 全悬臂拼装钢梁时，组拼工作由桥孔一端悬拼到另一端，为减少悬臂长度，通常在另一侧桥墩旁边设置附着式托架。此种方法适用于（　　　）。

A. 陆地架设桥梁

B. 浅河、缓流、河中易于设置临时支墩的桥梁

C. 季节性河流上架设桥梁

D. 河深、流急、河中不易设置临时支墩的桥梁

26. 采用墩旁托架进行悬臂拼装施工，墩旁托架除承受由钢梁作用的垂直力乘以超载系数 1.3 外，并考虑由钢梁传来的（　　　）。

A. 纵向风力   B. 横向风力

C. 施工荷载   D. 移动荷载

27. 悬臂安装采用水上吊船施工时，吊船停泊位置应在桥中线下游，必须具有可靠的（　　）。

     A. 牵引设备   B. 锚碇设备

     C. 牵引船只   D. 定位桩

28. 悬臂浇筑法施工适用于预应力混凝土悬臂梁、连续梁、刚构、斜拉桥等结构，通常每次可浇筑（　　）长的梁段，每个工序循环约需6～10d。

     A. 1～2m   B. 2～3m

     C. 2～4m   D. 3～5m

29. 悬臂浇筑法的施工，桥墩两侧梁段悬臂施工应对称平衡。平衡偏差不得大于设计要求，浇筑混凝土时，每一梁段在浇筑和张拉前后应按设计提供的（　　）进行比较。

     A. 挠度值   B. 强度值

     C. 应力值   D. 应变值

30. 先张法预应力混凝土简支梁预制施工中，当桥面钢筋及预埋件安装工作完成后，下一道工序是（　　）。

     A. 张拉预应力束   B. 浇筑混凝土

     C. 安装端头模板   D. 安装梁体钢筋

31. 铁路简支梁主要采用（　　）方法架设。

     A. 汽车吊车   B. 架桥机

     C. 跨墩门式吊车   D. 摆动排架式

32. 预应力混凝土悬臂梁、连续梁、刚构、斜拉桥等结构都可采用（　　）施工方法。

     A. 膺架法   B. 拖拉法

     C. 悬浇法   D. 浮运法

33. 连续梁顶推施工通常用于（　　）跨度的预应力混凝土连续梁。

     A. 40～60m   B. 60～100m

     C. 100～150m   D. 60～150m

34. 下列关于普通钢筋混凝土简支梁预制施工程序正确的是（　　）。

A. 台座整平、安装支座预埋板→安装外模、内模、端头模板→安装梁体钢筋→安装桥面钢筋以及预埋件→浇筑混凝土→养护→移梁至存梁厂

B. 台座整平、安装支座预埋板→安装桥面钢筋以及预埋件→安装梁体钢筋→安装外模、内模、端头模板→浇筑混凝土→养护→移梁至存梁厂

C. 台座整平、安装支座预埋板→安装梁体钢筋→安装外模、内模、端头模板→安装桥面钢筋以及预埋件→浇筑混凝土→养护→移梁至存梁厂

D. 台座整平、安装支座预埋板→安装外模、内模、端头模板→安装桥面钢筋以及预埋件→安装梁体钢筋—浇筑混凝土→养护→移梁至存梁厂

1. 高速铁路制梁现场规划设计的原则包括（　　　）。
   A. 安全适用　　　　　　　　　　B. 技术先进
   C. 经济合理　　　　　　　　　　D. 布局合理
   E. 节省场地

2. 高速铁路制梁现场规划具体要求有（　　　）。
   A. 桥群分散　　　　　　　　　　B. 临时工程量小
   C. 交通方便　　　　　　　　　　D. 征地拆迁少
   E. 利于环保

3. 顶推法施工在发生下列（　　　）情况下要停止施工。
   A. 梁段偏离较大　　　　　　　　B. 导梁杆件变形、螺栓松动
   C. 导梁与梁体连接有松动和变形　　D. 牵引拉杆变形
   E. 桥墩（临时墩）发生极小变形

4. 在铁路桥梁施工中，悬臂灌注法适用于（　　　）等结构。
   A. 简支梁　　　　　　　　　　　B. 连续梁
   C. 刚构　　　　　　　　　　　　D. 斜拉桥
   E. 拱桥

5. 在下列（　　　）情况下严禁架梁。
   A. 架桥机卷扬和走行系统的制动设备、机身稳定设备失灵
   B. 架梁人员未经培训
   C. 气候恶劣妨碍眺望操作，或夜间照明不足，影响安全作业
   D. 桥头路基或线路未按规程进行处理
   E. 在运输、装卸过程中，梁表面受到损伤但已整修完好

6. 钢梁的主要施工方法有（　　　）。
   A. 膺架法　　　　　　　　　　　B. 拖拉法
   C. 悬浇法　　　　　　　　　　　D. 浮运法
   E. 悬拼法

7. 钢梁悬臂拼装方法主要有（　　　）。
   A. 全悬臂拼装　　　　　　　　　B. 半悬臂拼装
   C. 中间合龙悬臂拼装　　　　　　D. 平衡悬臂拼装
   E. 两侧对称悬臂拼装

8. 箱梁梁体钢筋骨架可分为（　　　）。
   A. 底腹板钢筋骨架　　　　　　　B. 顶板钢筋骨架
   C. 支座钢筋骨架　　　　　　　　D. 翼板钢筋骨架
   E. 肋柱钢筋骨架

9. 箱形预制梁制造技术证明书应（　　）。

A．一式五份　　　　　　　　　　B．一式两份

C．一份交用户　　　　　　　　　D．一份交监理单位

E．一份随同施工原始记录归档

10. 下列符合箱梁架设基本要求的有（　　）。

A．架桥机架梁前应定期对重要部件进行探伤检查

B．架桥机架梁作业时抗倾覆稳定系数不得小于1.3

C．桥梁支座可在运梁前安装但不得随梁一同运输

D．梁上设备工具重量不得超过设计检算的允许值

E．预制梁架设后相邻梁端顶面高差不应大于10mm

11. 下列关于支架法制梁开展预压工作的说法，正确的有（　　）。

A．支架进行预压目的是检验结构的承载能力

B．支架进行预压可以消除支架结构弹性变形

C．预压荷载应不小于最大施工荷载的1.1倍

D．每级加载完毕2h后进行支架的变形观测

E．加载完毕后应当在每6h测量一次变形值

12. 下列关于移动模架施工说法正确的有（　　）。

A．应具有足够的强度、刚度和稳定性

B．移动模架主梁挠度不应大于$L/600$

C．各种工况下稳定系数不得小于2.5

D．首次浇筑梁体混凝土前应进行预压

E．拼装前对各零部件完好性进行检查

13. 拖拉架梁方法按照牵引方式可分为（　　）。

A．全悬臂拖拉　　　　　　　　　B．无导梁拖拉

C．通长式拖拉　　　　　　　　　D．接力式拖拉

E．往复式拖拉

14. 膺架的类型主要有（　　）。

A．满堂式　　　　　　　　　　　B．长梁式

C．墩梁式　　　　　　　　　　　D．密墩无梁式

E．独立支墩式

15. 浮运架设钢梁的方法有（　　）。

A．浮拖法　　　　　　　　　　　B．横移浮运

C．纵移浮运　　　　　　　　　　D．半浮运、半横移

E．半浮运、半纵移

16. 双线箱梁由于断面大、重量大，无法通过铁路或公路远距离运输，不能采用传统意义上的"工厂集中预制，铁路运输到桥位架设"的方法，只能采取（　　）的施工方法。

A．现场分段集中制造　　　　　　B．短距离运输

C. 架桥机架设为辅   D. 桥位现浇为主

E. 移动模架造桥机为主

17. 下列情形符合制梁场选址规划要求的有（   ）。

A. 布置在地势较低的干枯河床区域

B. 选在与既有公路或便道相连位置

C. 选择在经济发达人口密集的区域

D. 选择在桥群重心或两端附近位置

E. 选在地质条件好土石方量少地段

18. 制梁场主要机械设备需要配置（   ）、混凝土输送泵、混凝土罐车、蒸汽养护系统以及模板系统等。

A. 跨制梁区龙门吊   B. 架桥机

C. 提梁机   D. 钢筋装卸龙门吊

E. 拌和站、布料机

19. 下列关于后张法预应力混凝土简支梁施工要求，说法正确的有（   ）。

A. 预应力筋的张拉应以应力控制为主伸长值作为校核

B. 底模采用联合振动时，模板上下振动器位置并列排列

C. 梁体混凝土强度及弹性模量达到设计要求后，施加预应力

D. 顶塞锚固后测量两端伸长量之和，不得超过计算值的 $\pm10\%$

E. 顶塞锚固后测量两端伸长量之和，不得超过计算值的 $\pm6\%$

1C414040 铁路涵洞施工方法及控制要点

复习要点

1. 铁路涵洞施工方法
2. 铁路涵洞施工控制要点

一 单项选择题

1. 涵洞施工时钢筋混凝土拱圈和盖板现场浇筑宜连续进行。当涵身较长，不能一次连续完成时，可（   ）。

A. 沿长度方向分段浇筑，施工缝应设在涵身沉降缝处

B. 沿长度方向分段浇筑，施工缝应设在涵身中心处

C. 沿线路方向分段浇筑，施工缝应设在涵身沉降缝处

D. 沿线路方向分段浇筑，施工缝应设在涵身中心处

1. 下列涵洞施工要点正确的有（　　　　）。
    A. 基坑开挖后及时施工基础和边墙　　B. 涵洞沉降缝上下应有必要的交错
    C. 盖板现场浇筑施工采用钢模板　　　D. 拱圈应由中间向两侧对称施工
    E. 涵洞管节安装应保持管座完整

1C414050　铁路营业线桥涵施工方法及施工防护措施

复习要点

1. 营业线桥涵施工方法
2. 营业线桥涵施工防护措施

一　单项选择题

1. 营业线桥涵施工有关加固、防护不得侵入建筑限界。当对行车进行限速时，除应符合现行《铁路技术管理规程》的规定外，必须制定确保安全的措施，并应与（　　　　）签订协议后方可施工。
    A. 监理单位　　　　　　　　　　　B. 建设单位
    C. 设备管理单位　　　　　　　　　D. 铁路局

2. 铁路营业线桥涵顶进按结构分，主要有（　　　　）两种类型。
    A. 浅埋涵洞顶进和深埋涵洞顶进　　B. 深基础涵洞顶进和浅基础涵洞顶进
    C. 框架式桥涵顶进和圆形涵洞顶进　D. 过水涵洞顶进和过人涵洞顶进

3. 桥台的加高施工中，加高量小于（　　　　）时，可利用托盘加高。
    A. 5cm　　　　　　　　　　　　　B. 10cm
    C. 15cm　　　　　　　　　　　　　D. 20cm

4. 营业线以轨束梁便桥增建小桥时，当桥址填土（　　　　）时，可采用排架枕木垛轨束梁。
    A. 在 4m 以内，土质一般，无地下水，小桥跨度在 6m 以下
    B. 在 4m 以内，土质一般，无地下水，小桥跨度在 12m 以下
    C. 在 8m 以内，土质一般，无地下水，小桥跨度在 6m 以下
    D. 在 8m 以内，土质一般，无地下水，小桥跨度在 12m 以下

5. 营业线桥涵顶进施工中，吊轨纵横梁法最适用于加固位于（　　　　）的路段。
    A. 桥涵孔径较小，直线地段　　　　B. 桥涵孔径较大，箱顶无覆盖土

C．桥涵孔径较大，箱顶有覆盖土　　　　D．桥涵孔径较小，与线路正交

6．桥梁墩台加高方法中，垫高支座是利用行车空隙或封锁时间，将桥梁连同支座顶起至设计标高，在支座下设 U 形模板，由开口一侧填塞（　　　），充分捣实，达到需要强度后恢复通车。

　　A．高坍落度混凝土　　　　　　　　B．高坍落度砂浆

　　C．低坍落度混凝土　　　　　　　　D．低坍落度砂浆

7．桥涵顶进施工程序中，完成浇筑后背梁工作底板工作后，紧接着应进行（　　　）工作。

　　A．安装顶进设备　　　　　　　　　B．预制箱涵

　　C．顶进　　　　　　　　　　　　　D．挖运土

8．顶涵均应安装导轨，导轨应固定牢固。导轨材料必须顺直，安装时应严格控制（　　　）。

　　A．高程、内距及边线　　　　　　　B．高程、内距及中心线

　　C．里程、内距及边线　　　　　　　D．里程、内距及中心线

9．增建二线桥时要根据一、二线间距情况，必须采取防护措施保证营业线行车安全，一般在两线间距在（　　　），开挖基坑可采用排桩防护。

　　A．4.5m 以上而路堤又高于 3m 时　　　B．4.5m 以上而路堤又高于 6m 时

　　C．2.5m 以上而路堤又高于 3m 时　　　D．2.5m 以上而路堤又高于 6m 时

10．吊轨纵横梁法适用于桥涵孔径较大、箱顶无覆盖土的线路加固，且（　　　）。

　　A．无论正交、斜交都可使用　　　　B．无论正交、斜交都不可使用

　　C．正交不可使用、斜交可使用　　　D．正交不使用、斜交不可使用

11．填塞桥孔施工，桥梁的拆除在填土达到梁底（　　　）时进行。

　　A．0.2～0.3m　　　　　　　　　　　B．0.3～0.4m

　　C．0.4～0.5m　　　　　　　　　　　D．0.5～0.6m

12．营业线桥涵顶进施工的防护，吊轨法一般应用于桥涵身孔径小于（　　　），处于直线地段，路基土质较好的线路加固。

　　A．2m　　　　　　　　　　　　　　B．3m

　　C．4m　　　　　　　　　　　　　　D．5m

二　多项选择题

1．当遇到下列（　　　）情况时，应停止圆形涵洞的顶进。

　　A．顶管前方发生塌方或遇到障碍　　B．后背倾斜或严重变形

　　C．顶柱发生扭曲现象　　　　　　　D．管位有偏差但在允许范围内

　　E．顶力超过管口允许承受能力发生损伤

2．营业线增建桥涵的施工方法有（　　　）。

A．以轨束梁便桥增建小桥   B．以轨束梁便桥增建盖板箱涵

C．以钢梁便桥增建桥涵   D．以拆装梁增建桥梁

E．用沉井抬梁法修建盖板箱涵

3．以轨束梁便桥增建小桥做法正确的有（   ）。

A．当桥址填土厚度在6m以内，小桥跨度在12m以下时，可采用排架枕木垛轨束梁

B．当填土厚度在3m以下，土质密实不易坍塌时可采用排架轨束梁

C．当填土厚度3m以内，土质较差，抬轨可用轨束梁、工字梁或军用梁

D．当填土厚度为5～10m，正桥跨度小，允许在便桥范围内放坡开挖时采用密排枕木轨束梁

E．当行车密度大，正桥跨度较小时可采用吊轨梁

4．桥涵顶进施工方法有一次顶入法、对顶法、中继间法、对拉法、解体顶进法、开槽顶入法、斜交桥涵顶进、多箱分次顶进、在厚覆土内顶进、顶拉法、牵引法等。其共同点是（   ）。

A．在桥址路基一侧或两侧设置工作坑

B．坑底修筑底板

C．在底板上预制钢筋混凝土箱身

D．在箱身后端两侧墙安装刃脚

E．底板安装滚动滑轮

5．圆形涵洞顶进应连续施工，当顶进过程中遇到下列（   ）情况之一时，应停止顶进，迅速采取措施处理完善后，再继续顶进。

A．管前挖土长度，在铁路道床下超越管端以外5cm

B．后背倾斜或严重变形

C．顶柱发生扭曲现象

D．管位偏差过大

E．顶力超过管口允许承受能力发生损伤

6．下列属于营业线增建二线桥施工防护措施的有（   ）。

A．线间距在4.5m以上路堤高6m以上时，开挖基坑采用排桩防护

B．线间距在4.5m以上路堤高6m以上时，需在桥台后打入防护板桩

C．线间距在4.5m以下路堤高3～6m时，须在桥台后打入钢板桩

D．线间距在4.5m以上路堤高3～6m时，可用木板桩挡土

E．路堤高度在3m以下，需在台尾路堤中打入圆木排桩挡土

7．下列关于营业线增加桥梁孔数施工要求的说法，正确的有（   ）。

A．在台后一定范围内用吊轨梁开挖路堤

B．封锁线路拆除吊轨梁、线路及枕木垛

C．原位抬高便桥钢梁，架设增建的新桥

D．在新台后回填并做锥体

E．在便桥梁下建筑新墩台

8．圆形涵洞顶进的施工要点包括（　　）。

A．导轨材料必须顺直，安装时应严格控制高程、内距及中心线

B．顶进中遇到顶柱发生扭曲时应停止顶进并迅速采取处理措施

C．土质较差时首节管节前端上部 135° 范围内设帽檐式钢板刃脚

D．管节周围上部允许超挖 3cm，下部圆弧范围内不得超挖

E．管前挖土长度在铁路道床下应当超越管端以外 30cm

9．框架式涵洞顶进的施工要点包括（　　）。

A．每次顶进前应检查液压系统等变化情况

B．挖运土方和顶进作业应当循环交替作业

C．挖土长度在道床下应超过管端外 10cm

D．顶进涵均应设置导轨，导轨应固定牢固

E．每前进一顶程，应切换油路更换长顶铁

10．下列关于吊轨纵横梁法加固线路施工要求的说法，正确的有（　　）。

A．铺设吊轨时应将加固段的混凝土轨枕换成木枕

B．加固范围应大于框架涵斜长 ＋ 1.5× 框架涵高度

C．曲线上的框架顶涵施工时抬轨梁不用设置超高

D．对营业线路加固，应按照批准的施工方案进行

E．施工中应采取纠偏和控制抬头扎头的技术措施

参考答案

一、单项选择题

1．C；　　2．A；　　3．A；　　4．C；　　5．B；　　6．A；　　7．A；　　8．D；

9．B；　　10．C；　　11．D；　　12．D；　　13．C；　　14．D；　　15．B；　　16．B；

17．C；　　18．C；　　19．A；　　20．A；　　21．D；　　22．A；　　23．C；　　24．C；

25．D；　　26．A；　　27．D；　　28．C；　　29．B；　　30．B；　　31．B；　　32．C；

33．D；　　34．B；　　35．D；　　36．D；　　37．B；　　38．D；　　39．D；　　40．C；

41．D；　　42．C；　　43．D；　　44．B

二、多项选择题

1．A、C、E；　　2．B、C、D、E；　　3．A、B、C；　　4．A、D、E；

5．B、C、D；　　6．A、B、E；　　7．B、C、E；　　8．A、C、E；

9．B、C；　　10．A、B、E；　　11．A、B、D；　　12．A、B、C；

13．B、C；　　14．A、C、E；　　15．A、C、D、E；　　16．A、D、E；

17. A、B、C、D; 18. B、C、D、E; 19. B、C、D、E; 20. A、B、D、E;

21. A、C、E; 22. B、C、D、E; 23. A、B、D; 24. B、C、D、E;

25. B、C、D; 26. B、C、D; 27. A、B、C、D; 28. A、B、C、D

【1C414020 参考答案】

一、单项选择题

1. A; 2. D; 3. B; 4. C

二、多项选择题

1. A、B、C、E; 2. A、B、D、E; 3. B、D

【1C414030 参考答案】

一、单项选择题

1. B; 2. D; 3. A; 4. A; 5. A; 6. A; 7. B; 8. A;

9. D; 10. A; 11. B; 12. A; 13. A; 14. D; 15. A; 16. C;

17. A; 18. B; 19. A; 20. C; 21. A; 22. D; 23. B; 24. A;

25. D; 26. B; 27. B; 28. D; 29. A; 30. B; 31. B; 32. C;

33. A; 34. C

二、多项选择题

1. A、B、C; 2. B、C、D、E; 3. A、B、C、D; 4. B、C、D;

5. A、B、C、D; 6. A、B、D、E; 7. A、B、C、D; 8. A、B;

9. B、C、E; 10. A、B、D、E; 11. A、C、E; 12. A、D、E;

13. C、D、E; 14. A、B、C、E; 15. A、B、C、D; 16. A、B;

17. B、D、E; 18. A、C、D、E; 19. A、C、E

【1C414040 参考答案】

一、单项选择题

1. A

二、多项选择题

1. A、C、E

【1C414050 参考答案】

一、单项选择题

1. C; 2. C; 3. D; 4. A; 5. B; 6. D; 7. B; 8. B;

9. B; 10. A; 11. A; 12. B

二、多项选择题

1. A、B、C、E; 2. A、C、D、E; 3. B、C、E; 4. A、B、C;

5. B、C、D、E; 6. A、B、D、E; 7. A、B、D、E; 8. A、B、C;

9. A、B、E;   10. A、B、D、E

1C415000　铁路隧道工程

1C415010　铁路隧道开挖

复习要点

1. 隧道围岩分级
2. 隧道超前地质预报
3. 隧道开挖方法
4. 隧道出渣方法
5. 围岩监控量测
6. 不良地质隧道类型及特殊要求

一　单项选择题

1. 在铁路隧道围岩分级因素中不包括的是（　　　）。
   A. 地下水出水状态　　　　　　B. 初始地应力状态
   C. 开挖前稳定状态　　　　　　D. 结构面产状状态

2. 按照铁路隧道围岩分级判定标准,下列属于Ⅱ级围岩判定特征的是（　　　）。
   A. 极硬岩,岩体完整　　　　　B. 硬岩,岩体完整
   C. 较软岩,岩体完整　　　　　D. 软岩,岩体完整

3. 开挖作业能连续进行,施工速度快,作业人员少的开挖方法是（　　　）。
   A. 钻爆法　　　　　　　　　　B. 沉管法
   C. 明挖法　　　　　　　　　　D. 掘进机法

4. 根据铁路隧道岩体类型划分标准,下列岩石中属于B类岩石的是（　　　）。
   A. 闪长岩　　　　　　　　　　B. 安山岩
   C. 石灰岩　　　　　　　　　　D. 大理岩

5. 适用于各种地质条件和地下水条件,且具有适合各种断面形式和变化断面的高灵活性的开挖方法是（　　　）。
   A. 钻爆法　　　　　　　　　　B. 盾构法
   C. 掘进机法　　　　　　　　　D. 沉管法

6. 岩石隧道光面爆破一次开挖进尺不宜大于（　　　）m,爆破参数应通过试验确定。

A．3.5 B．4.0

C．4.5 D．5.0

7. 隧道光面爆破，为了达到较好爆破效果，采取微差起爆顺序，首先起爆的是（   ）。

A．周边眼 B．掏槽眼

C．辅助眼 D．底板眼

8. 在隧道施工过程中，应建立（   ）的一体化施工管理系统，以不断提高和完善施工技术。

A．地质预测→设计→施工检验→量测反馈→修正设计

B．设计→施工检验→地质预测→量测反馈→修正设计

C．地质预测→量测反馈→设计→施工检验→修正设计

D．设计→修正设计→地质预测→施工检验→量测反馈

9. TBM 施工方法的缺点是（   ）。

A．施工速度慢，工期长

B．对围岩的损伤大

C．振动大、噪声大

D．机械的购置费和运输、组装、解体等的费用高

10. 现阶段在软弱地层中修建地铁和交通隧道以及各种用途管道最先进的、应用广泛的施工方法之一是（   ）。

A．沉管法 B．盾构法

C．掘进机法 D．钻爆法

11. 出渣是隧道施工的基本作业之一，出渣作业能力的强弱决定了在整个作业循环中的（   ）。

A．施工成本 B．所占时间的长短

C．工序质量 D．管理水平

12. 为保证二次衬砌的质量和整体性，在任何情况下，钻爆法开挖都应采用（   ）的施工顺序。

A．先拱后墙 B．先墙后拱

C．同时施做拱墙 D．交替施做拱墙

13. 铁路山岭隧道开挖最常用的方法是（   ）。

A．明挖法 B．沉管法

C．钻爆法 D．盾构法

14. 某单线隧道位于弱风化泥质砂岩中，按台阶法施工，施工中发现上台阶拱脚收敛值超标，宜采取的措施为（   ）。

A．施做临时仰拱 B．施做超前管棚

C．施做临时竖撑 D．反压核心土

15. 下列不符合瓦斯工区钻爆作业要求的是（   ）。

A．作业必须采用湿式钻孔 B．炮眼深度不宜小于 0.6m

C. 必须采用煤矿许用炸药　　　　　　D. 爆破采取反向装药起爆

16. 单口掘进 3km 以上单线隧道应采用的出渣方式是（　　　）。

　　A. 有轨运输　　　　　　　　　　　B. 无轨运输

　　C. 斜井运输　　　　　　　　　　　D. 竖井运输

17. 隧道拱顶下沉和净空变化的量测断面间距中，Ⅳ级围岩不得大于（　　　）m，Ⅴ级围岩不得大于（　　　）m。

　　A. 20；15　　　　　　　　　　　　B. 15；10

　　C. 10；5　　　　　　　　　　　　　D. 20；10

18. 隧道浅埋、下穿建筑物地段，地表必须设置监测网点并实施监测。当拱顶下沉、水平收敛率达（　　　）mm/d 或位移累计达（　　　）mm 时，应暂停掘进，并及时分析原因，采取处理措施。

　　A. 5；100　　　　　　　　　　　　B. 5；50

　　C. 10；100　　　　　　　　　　　　D. 10；50

19. 下列适合铁路隧道Ⅰ、Ⅱ级围岩的施工方法是（　　　）。

　　A. 全断面法　　　　　　　　　　　B. 二台阶法

　　C. 三台阶法　　　　　　　　　　　D. 中隔壁法

20. 下列关于隧道全断面法施工的说法正确的是（　　　）。

　　A. Ⅰ级围岩开挖循环进尺不宜大于 4.5m

　　B. Ⅱ级围岩开挖循环进尺不宜大于 4.0m

　　C. Ⅲ级围岩开挖循环进尺不宜大于 3.0m

　　D. Ⅳ级围岩加固后循环进尺不大于 2.5m

21. 下列关于隧道台阶法施工的说法错误的是（　　　）。

　　A. 台阶长度不宜过长，宜控制在一倍洞径以内

　　B. 台阶形成后，各台阶开挖、支护宜平行作业

　　C. Ⅲ级围岩循环进尺不宜超过 3.0m

　　D. 下台阶开挖，左右侧宜平行推进

二　多项选择题

1. 判定铁路隧道围岩分级的因素有（　　　）。

　　A. 围岩的主要工程地质条件　　　　B. 围岩的特性

　　C. 开挖后的稳定状态　　　　　　　D. 弹性纵波速度

　　E. 铁路隧道的断面形式

2. 铁路隧道围岩级别应在围岩基本分级的基础上，结合隧道工程的特点，进行围岩级别修正的因素有（　　　）。

　　A. 岩体整体性状态　　　　　　　　B. 地下水出水状态

C. 初始地应力状态　　　　　　D. 结构面产状状态

E. 开挖前稳定状态

3. 下列关于双侧壁导坑法施工要求的说法，正确的有（　　　）。

A. 施工中应先开挖隧道两侧导坑再开挖中部剩余部分

B. 导坑形状应近似椭圆形，导坑宽度宜为 1/3 隧道宽度

C. 侧壁导坑中部开挖应采用短台阶，台阶长度 3～5m

D. 循环进尺为钢架设计间距的 1.5 倍

E. 侧壁导坑开挖应超前中部 10～15m

4. TBM 施工方法的优点有（　　　）。

A. 开挖作业连续进行施工速度快　　B. 对围岩损伤小，不产生松弛掉块

C. 在施工作业过程中不产生振动　　D. 施工噪声小，对周围居民影响小

E. 机械化施工安全，作业人员多

5. 下列符合隧道岩溶地段施工要求的有（　　　）。

A. 施工前要对地表进行必要的处理，如地表预注浆

B. 在下坡地段遇到溶洞时应准备足够数量排水设备

C. 岩溶地段开挖宜采用台阶法，必要时采用中隔壁法

D. 爆破时应做到少打眼、打深眼，严格控制装药量

E. 施工中宜采用动态设计、动态施工并及时优化调整

6. 下列关于无轨运输的说法，正确的有（　　　）。

A. 采用各种无轨运输车出渣和进料　　B. 适用于弃渣场离洞口较远的场合

C. 适用于道路坡度较大的场合　　　　D. 缺点是作业时污染洞内空气

E. 一般适用于单线长隧道运输

7. 下列属于监控量测应为施工管理及时提供的信息有（　　　）。

A. 围岩稳定性的信息　　　　　　B. 地下水变化的情况

C. 二次衬砌合理的施作时间　　　D. 为调整支护参数提供依据

E. 为工程施工进度提供信息

8. 铁路隧道主要施工方法有（　　　）。

A. 钻爆法　　　　　　　　　　　B. 明挖法

C. 盾构法　　　　　　　　　　　D. 沉管法

E. 掘进机法

9. 下列选项中，属于隧道监控量测必测项目的有（　　　）。

A. 衬砌前净空变化　　　　　　　B. 拱顶下沉

C. 隧底隆起　　　　　　　　　　D. 围岩压力

E. 洞内、外观察

10. 下列关于隧道工程出渣叙述正确的有（　　　）。

A. 出渣作业分装渣、运渣两步

B. 出渣能力不会影响施工速度

C. 配置的装渣运输能力应大于最大开挖能力

D. 有轨运输比较适应 3km 以上的隧道运输

E. 无轨运输比较适应断面较小的长隧道运输

11. 下列关于隧道监控量测的描述正确的有（　　　）。

A. 调整监控量测计划由监理单位负责组织实施

B. 监控量测应作为关键工序纳入施工工序管理

C. 监控量测必须设置专职人员并经培训后上岗

D. 地质复杂隧道由监控量测专门机构负责实施

E. 现场监控量测应根据已批准的实施细则进行

1C415020　铁路隧道支护

复习要点

1. 隧道支护类型
2. 隧道支护施工方法

1. 按隧道支护施工方法分，以下正确的是（　　　）。

A. 整体式衬砌中的临时支护　　　B. 复合式衬砌中的永久支护

C. 径向支护和超前支护　　　　　D. 整体式支护和复合式支护

2. 下列情形中，属于铁路隧道锚喷支护中锚杆作用的是（　　　）。

A. 填平补强围岩　　　　　　　　B. 限制围岩变形

C. 减缓围岩面风化　　　　　　　D. 提高层间摩阻力

3. 隧道初期支护采用钢拱架，主要作用是（　　　）。

A. 支承锚固围岩　　　　　　　　B. 阻止围岩松动

C. 加强限制围岩变形　　　　　　D. 填平补强围岩

二　多项选择题

1. 铁路隧道常用的支护形式为锚喷支护，主要采用锚杆和喷射混凝土、钢筋网片、钢支撑等材料，共同组成支护结构，承受围岩压力，实现（　　　）。

A. 施工期安全的目的　　　　　　B. 控制围岩过大变形的目的

C. 施工期防尘的目的   D. 控制模板过大变形的目的

E. 施工期控制质量和防水的目的

2. 锚喷支护的特点有（　　　）。

A. 灵活性   B. 及时性

C. 紧密性   D. 密贴性

E. 高效性

3. 铁路隧道锚喷支护中喷射混凝土的作用有（　　　）。

A. 支承围岩   B. 承受松弛荷载

C. 填平补强围岩   D. 阻止围岩松动

E. 限制围岩变形

4. 格栅施工的施工要点包括（　　　）。

A. 确保焊接质量   B. 纵向连接

C. 及时喷护   D. 充分填充

E. 紧密接触

5. 喷射混凝土的施工要点有（　　　）。

A. 选择合理的支护材料   B. 选择合理的配合比

C. 做好喷射面的事先处理   D. 选择合理的支护参数

E. 根据监测结果做好喷射混凝土厚度的调整

1C415030 铁路隧道防排水

复习要点

1. 施工防排水措施
2. 结构防排水措施
3. 注浆防水措施

一 单项选择题

1. 下列（　　　）情况下应采用喷射混凝土堵水。

A. 当围岩有大面积裂隙渗水，且水量、压力较小时

B. 当围岩有大面积裂隙滴水、流水，且水量压力不大时

C. 当围岩有小面积裂隙渗水，且水量、压力较小时

D. 当围岩有小面积裂隙滴水、流水，且水量压力不大时

2. 隧道防排水包含（　　　）。

A. 结构防排水、特殊防排水   B. 结构防排水、施工防排水

C. 一般防排水、施工防排水   D. 一般防排水、特殊防排水

3. 在隧道防排水施工中，能够为衬砌与围岩之间提供过水通道的设施是（   ）。

A. 防水板   B. 盲沟

C. 泄水孔   D. 排水沟

二 多项选择题

1. 结构防排水措施主要有（   ）。

A. 喷射混凝土堵水   B. 钢板堵水

C. 模筑混凝土衬砌堵水   D. 注浆堵水及排水沟排水

E. 盲沟排水及泄水孔排水

1C415040 铁路隧道衬砌

复习要点

1. 隧道衬砌类型
2. 隧道衬砌施工方法

一 单项选择题

1. 在永久性的隧道及地下工程中常用的衬砌形式有（   ）。

A. 整体混凝土衬砌、复合式衬砌及锚喷衬砌

B. 一次混凝土衬砌、二次混凝土衬砌及锚喷衬砌

C. 初期混凝土衬砌、永久衬砌及复合衬砌

D. 混凝土衬砌、浆砌片石衬砌

2. 穿越式分体移动模板台车是将走行机构与整体模板分离，因此一套走行机构可以解决几套模板的移动问题，且（   ）。

A. 降低了走行机构的利用率，一次进行一段衬砌

B. 降低了走行机构的利用率，可以多段初砌同时施行

C. 提高了走行机构的利用率，一次进行一段衬砌

D. 提高了走行机构的利用率，可以多段初砌同时施行

1. 衬砌模板常用的类型有（   ）。
   - A. 整体移动式模板台车
   - B. 穿越式模板台车
   - C. 单体式模板台车
   - D. 拼装式拱架模板
   - E. 分体固定式模板台车

2. 整体移动式模板台车的特点包括（   ）。
   - A. 缩短立模时间
   - B. 可用于顺作及逆作
   - C. 墙拱连续浇筑
   - D. 加快衬砌施工速度
   - E. 一套走行机构可以解决几套模板的移动问题

3. 衬砌施工主要工作流程包括（   ）。
   - A. 断面检查、放线定位
   - B. 拱架模板整备、立模
   - C. 混凝土制备与运输
   - D. 混凝土的浇筑
   - E. 监控量测

1C415050 铁路隧道施工辅助作业要求

复习要点

1. 隧道施工供电要求
2. 隧道施工供水要求
3. 隧道施工通风要求
4. 隧道施工防尘要求
5. 隧道辅助导坑施工要求

一 单项选择题

1. 同时考虑施工现场的动力和照明施工用电量的计算公式为（   ）。
   - A. $S_总 = k\left[\sum P_1 \cdot k_1 / (\eta \cdot \cos\varphi) + \sum P_2 \cdot k_3\right]$
   - B. $S_总 = k\left[\sum P_1 \cdot k_1 / (\eta \cdot \cos\varphi) k_2 + \sum P_2\right]$
   - C. $S_总 = \left[\sum P_1 \cdot k_1 / (\eta \cdot \cos\varphi) k_2 + \sum P_2 \cdot k_3\right]$
   - D. $S_总 = \left[\sum P_1 \cdot k_1 / (\eta \cdot \cos\varphi) k_2 + \sum P_2 \cdot k_3\right]$

2. 一般使变压器用电负荷达到额定容量的（   ）左右为佳。
   - A. 30%
   - B. 40%

C. 20%　　　　　　　　　　　　D. 60%

3. 隧道供电电压，一般是三相五线 400/230V，动力机械的电压标准是（　　　）。

A. 220V　　　　　　　　　　　B. 360V

C. 380V　　　　　　　　　　　D. 480V

4. 隧道施工中，作业环境必须符合有关规定，氧气含量按体积计，不得低于（　　　）。

A. 10%　　　　　　　　　　　　B. 20%

C. 30%　　　　　　　　　　　　D. 40%

5. 隧道施工中，作业环境必须符合的规定是（　　　）。

A. 空气温度不得超过 26℃；噪声不得大于 80dB

B. 空气温度不得超过 26℃；噪声不得大于 90dB

C. 空气温度不得超过 28℃；噪声不得大于 80dB

D. 空气温度不得超过 28℃；噪声不得大于 90dB

6. 在曲线长隧道中应采用的通风方式为（　　　）。

A. 压入式通风　　　　　　　　　B. 吸出式通风

C. 自然通风　　　　　　　　　　D. 强制机械通风

7. 隧道施工钻爆作业时，在钻眼过程中利用高压水实施湿式凿岩，其主要目的是（　　　）。

A. 降低噪声　　　　　　　　　　B. 降低温度

C. 降低粉尘　　　　　　　　　　D. 降低湿度

8. 施工通风方式应根据隧道的长度、掘进坑道的断面大小、施工方法和设备条件等诸多因素来确定。在施工中，自然通风是利用洞室内外的温差或风压差来实现通风的一种方式，一般仅限于（　　　）。

A. 短直隧道　　　　　　　　　　B. 长大隧道

C. 曲线隧道　　　　　　　　　　D. 小断面隧道

9. 对于缺水、易冻害或岩石不适于湿式钻眼的地区，可采用（　　　），其效果也较好。

A. 干式凿岩孔口捕尘　　　　　　B. 喷雾洒水

C. 湿式凿岩　　　　　　　　　　D. 个人防护

10. 关于隧道施工通风的目的，以下表述错误的是（　　　）。

A. 及时供给洞内足够的新鲜空气　B. 稀释并排除有害气体和降低粉尘浓度

C. 降低洞内空气温度　　　　　　D. 保障作业人员的身体健康

11. 隧道采用钻爆法开挖时，开挖工作面风动凿岩机风压应不小于（　　　）MPa，高压供风管的直径应根据最大送风量、风管长度、闸阀数量等条件计算确定，独头供风长度大于（　　　）m 时宜考虑设增压风站。

A. 0.5　　2000　　　　　　　　B. 0.5　　1500

C. 1.0　　2000　　　　　　　　D. 1.0　　1500

12. 隧道开挖供风时，供风管前端至开挖面的距离宜保持在（　　　）m 内，并用分风器连接高压软风管。当采用导坑或台阶法开挖时，软风管的长度不宜大于（　　）m。

A. 30　　60

B. 30　　50

C. 20　　50

D. 20　　60

二 多项选择题

1. 用水量估算应考虑的有（　　）。

   A. 绿化用水

   B. 施工用水

   C. 生活用水

   D. 消防用水

   E. 储备用水

2. 下列条件符合隧道高压供风管道安装和使用规定的有（　　）。

   A. 高压供风管应敷设平顺接头严密

   B. 在洞外地段风管长度大于 100m 时应设置油水分离器

   C. 供风管每 200m 应装一处闸阀

   D. 供风管前端至开挖面的距离宜保持在 30m 内

   E. 供风管长度大于 1000m 时应安装伸缩器

3. 隧道施工中采取的综合性防尘措施主要有（　　）。

   A. 湿式凿岩

   B. 孔口捕尘

   C. 机械通风

   D. 蒸汽湿润

   E. 喷雾洒水

4. 铁路隧道施工辅助作业应包括（　　）。

   A. 施工供电

   B. 施工供暖

   C. 施工供水

   D. 施工通风

   E. 施工防尘

5. 隧道辅助导坑包括（　　）。

   A. 横洞

   B. 平行导坑

   C. 竖井

   D. 泄水洞

   E. 通风孔

参考答案

【1C415010　参考答案】

一、单项选择题

1. C;　　2. B;　　3. D;　　4. C;　　5. A;　　6. A;　　7. B;　　8. B;

9. D;   10. B;   11. B;   12. B;   13. C;   14. A;   15. D;   16. A;

17. C;   18. A;   19. A;   20. C;   21. D

二、多项选择题

1. B、D;   2. B、C、D;   3. A、B、C、E;   4. A、B、D;

5. A、B、C、E;   6. A、B、C、D;   7. A、C、D;   8. A、B、C、E;

9. A、B、E;   10. A、C、D;   11. B、C、D、E

【1C415020 参考答案】

一、单项选择题

1. C;   2. D;   3. C

二、多项选择题

1. A、B;   2. A、B、D;   3. A、C、D;   4. A、C、D、E;   5. B、C、D、E

【1C415030 参考答案】

一、单项选择题

1. A;   2. B;   3. B

二、多项选择题

1. A、C、D

【1C415040 参考答案】

一、单项选择题

1. A;   2. D

二、多项选择题

1. A、B、D;   2. A、C、D;   3. A、B、C、D

【1C415050 参考答案】

一、单项选择题

1. A;   2. D;   3. C;   4. B;   5. D;   6. D;   7. C;   8. A;

9. A;   10. C;   11. A;   12. B

二、多项选择题

1. B、C、D;   2. A、C、D;   3. A、B、C、E;   4. A、C、D、E;

5. A、B、C、D

1C416000　铁路轨道工程

1C416010　铁路轨道技术

复习要点

1. 轨道类型
2. 轨道构造
3. 轨道铺设条件

一　单项选择题

1. 路基面以上的线路部分，轨道直接承受列车荷载引导列车行走，由钢轨、配件、（　　）等组成。

   A. 轨枕、扣件、道砟、道床　　　　B. 轨枕、扣件、道岔、基床

   C. 轨枕、扣件、道岔、道床　　　　D. 轨枕、扣件、道砟、基床

2. 轨道类型按（　　）方式划分。

   A. 运营条件　　　　　　　　　　　B. 运营速度

   C. 结构类型组成　　　　　　　　　D. 线路等级

3. 曲线半径小于300m的地段，正线应铺设（　　）。

   A. 小半径曲线混凝土枕　　　　　　B. 小半径曲线木枕

   C. 大半径曲线混凝土枕　　　　　　D. 大半径曲线木枕

4. 正线轨道有条件时，特大桥、大桥及长度大于1000m的隧道内，宜采用（　　）。

   A. 碎石道床　　　　　　　　　　　B. 有砟道床

   C. 无砟道床　　　　　　　　　　　D. 一级碎石道砟道床

5. 无缝线路轨道砟肩应使用碎石道砟堆高15cm，堆高道砟的边坡坡度应采用（　　）。

   A. 1：1　　　　　　　　　　　　　B. 1：1.5

   C. 1：1.75　　　　　　　　　　　 D. 1：2

6. 下列符合铁路混凝土轨枕垛码规定的是（　　）。

   A. 垛码混凝土轨枕应上下交错堆放　B. 层间承轨槽处应垫以方木材料

   C. 轨枕堆放高度不宜超过2.0m　　 D. 堆放顶面应高出挡肩顶面30mm

7. 设置线路标桩时，水平桩在曲线地段应定设在（　　）。

   A. 道床内的路肩上　　　　　　　　B. 道床外的路肩上

   C. 内侧路肩上　　　　　　　　　　D. 外侧路肩上

8. 长大铁路宜选择机械化铺轨。机械化铺设普通轨道主要包括（　　）四个基本环节。

A. 轨节（轨排）组装、轨节运输、轨节铺设、铺砟整道

B. 轨节（轨排）组装、挂线散枕、轨节铺设、铺砟整道

C. 轨节（轨排）组装、挂线散枕、排线散枕、铺砟整道

D. 轨节（轨排）组装、轨节运输、排线散枕、安装扣配件

9. 有长轨列车通过的线路曲线半径不宜小于（　　），道岔不宜小于（　　）。

A. 300m，9 号
B. 300m，12 号

C. 350m，9 号
D. 350m，12 号

10. 正线中型轨道应使用的扣件类型是（　　）。

A. 弹条Ⅰ型
B. 弹条Ⅱ型

C. 弹条Ⅲ型
D. 弹条Ⅰ型或Ⅱ型

二 多项选择题

1. 正线轨道类型根据运营条件分为（　　）。

A. 特重型
B. 重型

C. 次重型
D. 中型

E. 小型

2. 目前，高速铁路正线无砟轨道道床结构形式主要有（　　）。

A. CRTS Ⅰ 型双块式无砟轨道
B. 长枕埋入式无砟轨道

C. CRTS Ⅱ 型双块式无砟轨道
D. CRTS Ⅱ 型板块式无砟轨道

E. 弹性支承块式无砟轨道

3. 根据用途和平面形状，道岔分为普通单开道岔和（　　）等。

A. 单开对称道岔
B. 三开道岔

C. 交叉渡线
D. 交分道岔

E. 复式道岔

4. 下列选项中，符合道砟储存规定的有（　　）。

A. 存砟数量应满足进度要求
B. 堆道砟场地面应进行硬化

C. 清洁的道砟堆应予以覆盖
D. 使用履带式装砟设备堆砟

E. 已经污染的道砟不得上道

5. 下列符合铺轨基地建设要求的有（　　）。

A. 铺轨基地宜设置在新建车站区域
B. 基地设施宜永临结合，少占农田

C. 铺轨基地内，应当修建消防通道
D. 临时设施设置应避免影响站后工程

E. 基地电器设备应加装安全保护装置

6. 机械化铺设普通轨道主要包括（　　）等基本环节。

A. 施工准备
B. 轨节（轨排）组装

C. 轨节运输　　　　　　　　　D. 铺砟整道

E. 轨节铺设

7. 铺轨基地设置中，需满足大型机械和机车车辆的作业、停放、进出及检修要求包括（　　　）。

A. 基地内轨道标准　　　　　　B. 股道布置

C. 线路平纵断面　　　　　　　D. 建筑限界

E. 龙门吊布设

8. 下列符合铺轨基地内钢轨分类垛码规定的有（　　　）。

A. 起吊应缓起、轻落并保持钢轨基本平直

B. 钢轨长度应逐根丈量，并测量断面尺寸

C. 每垛钢轨应竖立标牌，标识产地数量等

D. 钢轨垛底应承垫架空，支垫与钢轨垂直

E. 为保持稳固上、下层钢轨应当错位布设

1C416020　无缝线路铺设

复习要点

1. 钢轨焊接方法
2. 钢轨铺设方法
3. 应力放散方法
4. 无缝线路锁定方法
5. 无缝线路轨道精调

一　单项选择题

1. 在焊轨基地进行钢轨焊接应采用（　　　）。

A. 接触焊　　　　　　　　　　B. 闪光焊

C. 铝热焊　　　　　　　　　　D. 气压焊

2. 滚筒放散方法最好在轨温较设计锁定轨温略高时进行，并与撞轨配合使用以消除滚筒本身摩阻力的影响，其原因是（　　　）。

A. 使钢轨能自由滑动　　　　　B. 使固定区钢轨能够均匀位移

C. 能够使应力放散均匀彻底　　D. 使拉伸长轨条时，做到匀、准、够

3. 保证铁路无缝线路冬天钢轨不被拉断、夏天不发生胀轨跑道的轨温为（　　　）轨温。

A．零应力   B．中间

C．设计锁定   D．施工锁定

4. 在工地钢轨闪光焊接工艺流程中，精磨工序的前序工作是（   ）。

     A．正火   B．调直

     C．探伤   D．焊接

5. 轨道结构精磨前，焊接接头及两端 1m 范围内温度应控制在（   ）以内。

     A．30℃   B．40℃

     C．50℃   D．60℃

6. 无缝线路的锁定轨温是指（   ）。

     A．长轨节温度应力状态为 5MPa 时的轨温

     B．长轨节温度应力状态为 10MPa 时的轨温

     C．长轨节温度应力状态为零时的轨温

     D．长轨节温度应力状态为 2MPa 时的轨温

7. 在确定无缝线路锁定轨温时要求：相邻两段单元轨节锁定轨温之差不得大于（   ），左右两股钢轨的锁定轨温之差不得大于（   ），同一设计锁定轨温的长轨条最高与最低锁定轨温之差不大于（   ）。

     A．3℃，5℃，10℃   B．5℃，3℃，10℃

     C．3℃，10℃，5℃   D．5℃，10℃，3℃

二 多项选择题

1. 线路锁定后，应立即按下列（   ）要求整正轨道，并开始观察钢轨位移情况。

     A．捣固道床   B．夯拍整理道床，使断面符合设计要求

     C．检查扣件   D．钢轨位移观察记录应列入竣工资料

     E．起道时，着力点应离开焊缝

2. 钢轨全线预打磨应具备的条件有（   ）。

     A．无缝线路经整理作业后，道床进入稳定阶段

     B．轨面高程及道床外观尺寸应符合设计要求

     C．钢轨扣件齐全紧固

     D．钢轨焊接接头的平直度应符合规范规定

     E．钢轨应力为零

3. 下列条件符合单枕连续铺设法施工作业要求的有（   ）。

     A．施工前应当编制长钢轨配轨表等基础资料

     B．铺轨前应按设计要求精确测量线路中心线

     C．按枕轨运输列车技术要求装载长钢轨和轨枕

     D．在预铺道砟上按纵向 6m 横向 3m 成对布放拖轨滚筒

E. 轨枕布设装置按规定间距在平整底层道砟上布设轨枕

4. 无缝线路有下列（　　　）情况时，应放散或调整应力后重新锁定。

A. 实际锁定轨温超出设计锁定轨温范围

B. 钢轨产生不正常的过量伸缩

C. 无缝线路固定区钢轨出现严重的不均匀位移

D. 原因不明，施工时按设计规定锁定的线路

E. 同一设计锁定轨温的长轨条最高与最低锁定轨温之差大于 10℃

1C416030　有砟轨道铺设

复习要点

1. 人工铺轨方法
2. 机械铺轨方法
3. 道岔铺设方法
4. 有砟轨道上砟整道养护方法
5. 营业线轨道铺设方法

一　单项选择题

1. MDZ 作业车组分层上砟整道作业，起道工作以后进行的作业是（　　　）。

A. 拨道
B. 捣固
C. 补砟
D. 动力稳定

2. 钢轨温度在公式（　　　）范围时，为最佳铺轨时间，一般情况下，应安排在此条件下铺轨。

A. $T_{max} - (a_g + C) /0.0118L \leqslant t \leqslant T_{max} - C/0.0118L$

B. $T_{max} + (a_g + C) /0.018L \leqslant t \leqslant T_{max} + C/0.018L$

C. $T_{max} + (a_g + C) /0.018L \leqslant t \leqslant T_{max} - C/0.018L$

D. $T_{max} - (a_g + C) /0.018L \leqslant t \leqslant T_{max} + C/0.018L$

3. 以下关于曲线段中桩桩距的描述，正确的是（　　　）。

A. 圆曲线应为 25m，缓和曲线应为 10m

B. 圆曲线应为 20m，缓和曲线应为 10m

C. 圆曲线应为 25m，缓和曲线应为 15m

D. 圆曲线应为 20m，缓和曲线应为 15m

4. 双层道床宜按垫层厚度铺足，单层道床铺设厚度宜为（　　　）。

A. 100～150mm
B. 100～200mm
C. 150～200mm
D. 150～250mm

5. 人工铺轨施工方法中，人工搬运轨枕的距离不宜大于（　　　）。

A. 20m
B. 40m
C. 50m
D. 80m

6. 同类型轨枕成段铺设的最小长度，其他线和地方铁路、专用铁路、铁路专用线轨道为（　　　）。

A. 100m
B. 200m
C. 300m
D. 500m

7. 人工铺轨时，同类型轨枕成段铺设的最小长度，困难条件下，地方铁路、专用铁路、铁路专用线的站线轨道可减少到（　　　）。

A. 50m
B. 100m
C. 150m
D. 200m

8. 人工上砟整道作业，正确的作业顺序是（　　　）。

A. 方枕→串轨→起道→补砟→捣固→拨道
B. 方枕→串轨→补砟→起道→捣固→拨道
C. 串轨→方枕→起道→补砟→捣固→拨道
D. 串轨→方枕→补砟→起道→捣固→拨道

9. 装卸线宜设在直线上，坡度不宜（　　　）。

A. 小于1.0%，困难条件下，坡度不得小于2.0%
B. 小于1.5%，困难条件下，坡度不得小于2.0%
C. 大于1.5%，困难条件下，坡度不得大于2.5%
D. 大于1.0%，困难条件下，坡度不得大于2.5%

10. 螺旋道钉的抗拔力不得小于（　　　）。

A. 80kN
B. 60kN
C. 50kN
D. 70kN

11. 营业线轨道施工中，曲线外轨最大超高不得大于（　　　）。

A. 150mm
B. 125mm
C. 175mm
D. 200mm

12. 铺钉道岔钢轨，一般按（　　　）的顺序进行。

A. 铺钉直股及辙叉→铺导曲线外股钢轨→铺导曲线内股钢轨→安装连接杆和安装转辙机械
B. 安装连接杆→铺导曲线外股钢轨→铺导曲线内股钢轨→铺钉直股及辙叉和安装转辙机械
C. 铺钉直股及辙叉→铺导曲线内股钢轨→铺导曲线外股钢轨→安装连接杆和安装转辙机械
D. 铺钉直股及辙叉→铺导曲线外股钢轨→安装转辙机械→安装连接杆和铺导曲线

内股钢轨

13. 铁路铺轨作业连接钢轨时，必须按规定预留（　　　　）。

    A．起道量　　　　　　　　　　B．拨道量

    C．落道量　　　　　　　　　　D．轨缝量

14. 道岔应按设计里程位置铺设。在困难条件下，区段站及其以上车站，特别是咽喉区道岔位置允许最大移动量不大于（　　　　）。

    A．0.3m　　　　　　　　　　　B．0.5m

    C．0.7m　　　　　　　　　　　D．0.9m

二　多项选择题

1. MDZ 作业车组分层上砟整道应符合（　　　　）规定。

    A．应在铺设轨温 −20℃～15℃范围内进行

    B．捣固作业应同时夯拍道床边坡或砟肩

    C．第一、二次起道量不宜小于 80mm

    D．起道量 50mm 以下时选择双捣作业

    E．拨道时一次拨道量不宜大于 50mm

2. 大型养护机械对线路进行整道作业的内容包括（　　　　）。

    A．抄平　　　　　　　　　　　B．起拨道

    C．补砟　　　　　　　　　　　D．捣固

    E．动力稳定

3. 道岔铺设一般采用（　　　　）方法。

    A．高位组装预铺　　　　　　　B．低位组装预铺

    C．原位组装预铺　　　　　　　D．机械分段铺设

    E．换铺

4. 关于有砟轨道人工铺枕作业的说法中，正确的有（　　　　）。

    A．轨枕宜用平板车或低边车运往工地

    B．人工搬运轨枕的距离不宜大于 50m

    C．同一种类的轨枕应该集中连续铺设

    D．钢轨接头前后铺设 3 根同种类轨枕

    E．卸车时应该防止轨枕滚落到路堤外

5. 轨道工程的轨枕道钉锚固所采用的方法有（　　　　）。

    A．承轨槽法　　　　　　　　　B．正锚法

    C．反锚法　　　　　　　　　　D．翻锚法

    E．简锚法

1C416040　无砟轨道道床

复习要点

1. 板式无砟轨道道床施工
2. 双块式无砟轨道道床施工
3. 无砟道岔铺设方法

一　单项选择题

1. 轨道板生产后存放在堆放场，码堆层数（　　　），配备专用吊具，进行出车间后的起重运输及装车。有绝缘轨道板和无绝缘轨道板分区堆放。

　　A. 不超过 8 层，堆放场设置 40m 跨度走行式龙门吊

　　B. 不超过 8 层，堆放场设置 20m 跨度走行式龙门吊

　　C. 不超过 15 层，堆放场设置 40m 跨度走行式龙门吊

　　D. 不超过 15 层，堆放场设置 20m 跨度走行式龙门吊

2. 轨道板布设前在路基上施作水硬性支承层，支承层施工宜采用（　　　）的施工方案。

　　A. 水硬性材料配比机＋水硬性材料布料槽车＋滑模式摊铺机

　　B. 水硬性材料配比机＋水硬性材料布料槽车＋蒸汽式养护机

　　C. 水硬性材料拌合机＋水硬性材料运输槽车＋滑模式摊铺机

　　D. 水硬性材料拌合机＋水硬性材料运输槽车＋蒸汽式养护机

3. 桥梁上保护层、底座混凝土铺筑采取模筑法方案，钢筋常规法施工，混凝土铺筑采取（　　　）。

　　A. 平板式振动，人工抹面成型　　　　B. 平板式振动，机械压筑成型

　　C. 插入式振动，人工抹面成型　　　　D. 插入式振动，机械压筑成型

4. CRTS Ⅱ型板式无砟轨道滑动层铺设材料构成是（　　　）。

　　A. 一层无纺布和一层聚乙烯薄膜　　　B. 一层无纺布和两层聚乙烯薄膜

　　C. 两层无纺布和一层聚乙烯薄膜　　　D. 两层无纺布和两层聚乙烯薄膜

5. 弹性支承块式无砟道床宜在（　　　）内使用，并应采取相应的防污染和防老化措施。

　　A. 路基　　　　　　　　　　　　　　B. 桥梁

　　C. 隧道　　　　　　　　　　　　　　D. 过渡段

6. CRTS Ⅱ型板式无砟轨道道床施工内容不包括（　　　）。

　　A. 混凝土底座施工　　　　　　　　　B. 挡块施工

　　C. 轨道板横向连接　　　　　　　　　D. 轨道板粗放

7. 整体道床混凝土浇筑后用薄膜覆盖喷湿养护或洒水养护，在道床混凝土未达设计强度（　　）之前，严禁各种车辆在道床上通行。

A. 60%　　　　　　　　　　　　B. 65%

C. 70%　　　　　　　　　　　　D. 80%

二　多项选择题

1. 下列关于双块式轨枕预制工艺的说法中，正确的有（　　）。

A. 先清理模型，安装模型，完成后人工安装预埋件

B. 止漏钢片安装完成后利用链轨传输

C. 以浇筑平台带的底振式振动器振捣

D. 强度达到设计强度 80% 后进行翻模

E. 在存枕区采用"平放式"的存板方法

2. 对于无砟单组道岔铺设，复测时应确定控制点，下列属于单组道岔复测控制点的有（　　）。

A. 尖轨　　　　　　　　　　　　B. 心轨

C. 岔头　　　　　　　　　　　　D. 岔心

E. 岔尾

参考答案

【1C416010　参考答案】

一、单项选择题

1. C；　2. A；　3. A；　4. C；　5. C；　6. B；　7. C；　8. A；
9. A；　10. D

二、多项选择题

1. A、B、C、D；　2. A、C、D；　　3. A、B、C、D；　4. A、B、C、E；
5. B、C、D、E；　6. B、C、D、E；　7. A、B、C、D；　8. A、B、C、D

【1C416020　参考答案】

一、单项选择题

1. A；　2. C；　3. C；　4. C；　5. C；　6. C；　7. B

二、多项选择题

1. A、B、D、E；　2. A、B、C、D；　　3. A、B、C、E；　4. A、B、C、E

一、单项选择题

1. A; 　2. A; 　3. B; 　4. C; 　5. C; 　6. B; 　7. A; 　8. D;
9. C; 　10. B; 　11. A; 　12. A; 　13. D; 　14. B

二、多项选择题

1. A、B、E; 　2. A、B、D、E; 　3. C、D; 　4. A、B、C、E; 　5. B、C

一、单项选择题

1. A; 　2. C; 　3. A; 　4. C; 　5. C; 　6. C; 　7. C

二、多项选择题

1. A、B、C、D; 　2. A、B、E

1C417000　铁路"四电"工程

1C417010　铁路电力工程

复习要点

1. 变、配电所施工
2. 电缆线路施工
3. 35kV 及以下架空线路施工
4. 低压配电系统施工
5. 电气照明系统施工
6. 电力远动系统施工
7. 机电设备监控系统施工
8. 防雷接地系统施工
9. 电力系统调试

一　单项选择题

1. 控制电缆敷设前对电缆绝缘进行测试的仪表是（　　）。
   A. 万用表　　　　　　　　　　　　B. 接地电阻测试仪

C. 兆欧表   D. 钳流表

2. 多芯交联聚氯乙烯电力电缆的最小弯曲半径是电缆外径的（   ）倍。

    A. 10   B. 15

    C. 20   D. 25

3. 下列 10kV 三芯户内冷缩式电力电缆终端头制作流程正确的是（   ）。

    A. 电缆测试→剥切电缆外护套→剥切电缆铠装→剥切电缆内护套→焊接地线→剥铜屏蔽层→收缩三指套→剥半导体层→剥线芯绝缘层→安装终端→安装相色罩帽→压接接线端子→电气性能测试→填写记录

    B. 剥切电缆外护套→电缆测试→剥切电缆铠装→剥切电缆内护套→焊接地线→收缩三指套→剥铜屏蔽层→剥半导体层→剥线芯绝缘层→安装终端→安装相色罩帽→压接接线端子→电气性能测试→填写记录

    C. 电缆测试→剥切电缆外护套→剥切电缆铠装→剥切电缆内护套→焊接地线→收缩三指套→剥铜屏蔽层→剥半导体层→剥线芯绝缘层→安装终端→安装相色罩帽→压接接线端子→电气性能测试→填写记录

    D. 电缆测试→剥切电缆外护套→剥切电缆铠装→剥切电缆内护套→焊接地线→收缩三指套→剥铜屏蔽层→剥半导体层→剥线芯绝缘层→安装终端→压接接线端子→安装相色罩帽→电气性能测试→填写记录

4. 基础混凝土养护期间，当气温低至（   ）时不得露天浇水养护，而应采取暖棚养护方法。

    A. 0℃   B. 2℃

    C. 3℃   D. 5℃

5. 截面积小于 120mm^2 的电力电缆接地线应采用铜绞线或镀锡铜编织线，其最小截面积为（   ）mm^2。

    A. 10   B. 16

    C. 25   D. 35

6. 下列各项表征 SF$_6$ 气体理化特性中，表述错误的是（   ）。

    A. 无色、无味   B. 无臭、无毒

    C. 可燃   D. 惰性气体，化学性质稳定

7. 油浸变压器在运输中倾斜角度不允许超过（   ）度。

    A. 10   B. 15

    C. 20   D. 30

8. 架空钢芯铝绞线有扭结、断股和明显松股或同一截面处损伤面积超过导电部分总截面的（   ）% 时不允许使用。

    A. 2   B. 3

    C. 5   D. 10

9. 直流正极母线在涂刷相色漆、设置相色标志的颜色为（   ）。

    A. 黄色   B. 蓝色

C. 红色   D. 赭色

10. 电缆终端及中间接头制作时，空气相对湿度宜为（   ）% 以下，应防止尘埃、杂物落入绝缘内。

A. 50   B. 55

C. 60   D. 70

11. 发现高压接地故障时，在切断电源前，任何人与接地点的距离说法正确的是（   ）。

A. 室内不得小于 3 米，室外不得小于 6 米

B. 室内不得小于 4 米，室外不得小于 8 米

C. 室内不得小于 5 米，室外不得小于 10 米

D. 室内不得小于 6 米，室外不得小于 12 米

二 多项选择题

1. 三相联动的隔离开关在分合闸时触头应同时接触。触头接触时，不同期值应符合技术规定。下列不同期值正确的有（   ）。

A. 63～110kV 小于 20mm   B. 220～330kV 小于 20mm

C. 10～35kV 小于 10mm   D. 10～35kV 小于 5mm

E. 20～330kV 小于 30mm

2. 一根交流单芯电缆穿保护管时，可以使用的管材为（   ）。

A. 铜管   B. 铝管

C. 钢管   D. PVC 管

E. 陶土管

3. 架空线路施工时，下列说法正确的有（   ）。

A. 螺栓紧固后，单螺母螺杆丝扣露出的长度不应少于一个螺距

B. 螺栓连接时必须加垫圈时，每端垫圈不应超过 2 片

C. 对立体结构，水平方向螺栓穿向为由外向内，垂直方向由下向上

D. 对立体结构，水平方向螺栓穿向为由内向外，垂直方向由下向上

E. 对平面结构，顺线路方向，双面构件由外向内

4. 停电作业线路与另一条带电线路相接近或交叉，工作时与带电体接触或接近的安全距离，下列正确的有（   ）。

A. 10kV   1 米   B. 35kV   2 米

C. 220kV   4 米   D. 330kV   4 米

E. 0.38kV   0.5 米

5. 关于电缆管安装，下列说法正确的有（   ）。

A. 电缆进场检验合格，电缆管道内径不小于电缆外径的 2 倍

B. 混凝土管、陶土管、石棉水泥管内径不小于 100mm

C. 管道的弯曲半径符合穿入电缆的弯曲半径要求，弯扁处最小直径不小于管外径的 90%

D. 每根电缆保护管的弯头不超过 3 个

E. 每根电缆保护管的直角弯头不超过 3 个

6. 下列关于硬母线相色漆涂刷说法正确的有（　　）。

A. 三相交流母线：A 相为黄色，B 相为绿色，C 相为红色

B. 交流接地母线为黄色

C. 母线表面必须全部涂刷相色漆

D. 距离母线螺栓连接处 10mm 范围内不得刷相色漆

E. 距离母线与设备接线端子连接处 20mm 范围内不得刷相色漆

7. 下列关于电力线路施工的说法正确的有（　　）。

A. 10kV 架空线路施工中，同一档距内同一根导线上的接头不应超过 2 个

B. 10kV 架空线路施工中，导线接头位置与导线固定处的距离应大于 0.5 米

C. 10kV 架空线路施工中，导线在所有档距内均可以接头

D. 35kV 电力线路在同一档内，同一根导线或地线上不应超过 1 个直线接续管及 3 个修补管

E. 35kV 电力线路修补管与直线接续管间、修补管或直线接续管与耐张线夹之间的距离不小于 15m

8. 下列关于电缆线路施工的说法正确的有（　　）。

A. 铁路电力工程是为所有铁路相关负荷提供交流电源的系统

B. 机电设备监控及火灾自动报警系统及电力远动系统均属于铁路电力工程的子系统

C. 一级负荷贯通线路是连通两相邻变配电所间的主要为沿线铁路通信信号设备供电的高压电力线路

D. 综合负荷贯通线路是连通两相邻变配电所间的主要为沿线铁路通信信号设备供电的高压电力线路

E. 在铁路线路附近进行电缆敷设常用敷设方式有：电缆拖车敷设、绞磨机牵引敷设、人工敷设等方式

1C417020　铁路电力牵引供电工程

复习要点

1. 牵引变电所
2. 接触网
3. 供电调度系统

1. 在钢构架组立施工中，横梁应平直，弯曲度不应大于其对应长度的5‰，构架与设备支架应垂直，倾斜度不应大于其高度的（　　）。

A. 15‰　　　　B. 10‰　　　　C. 5‰　　　　D. 3‰

2. 扁钢接地网及接地干线安装时，地中水平接地体与建筑物的距离不宜小于（　　）m。

A. 1　　　　B. 1.5　　　　C. 2　　　　D. 2.5

3. 变压器是利用电磁感应原理来改变交流电压的装置，主要功能除电流变换、阻抗变换、隔离、稳压外还应包括（　　）。

A. 电压变换　　　　　　　　　B. 储存电能
C. 电容增加　　　　　　　　　D. 功率提高

4. 在电力系统中，三相交流母线B相和直流母线负极颜色分别为（　　）。

A. 绿色、蓝色　　　　　　　　B. 红色、赭色
C. 黄色、灰色　　　　　　　　D. 紫色、黑色

5. 真空断路器主要包含三大部分，除电磁或弹簧操纵机构和支架外还应包括（　　）。

A. 真空灭弧室　　　　　　　　B. 合闸线圈
C. 触头　　　　　　　　　　　D. 电流互感器

6. 交、直流屏盘柜安装时成列盘、柜面不平度允许偏差为（　　）mm。

A. 1　　　　B. 1.5　　　　C. 2　　　　D. 5

7. 综合自动化系统实现对全变电站的主要设备和输配电线路的自动监视、测量、自动控制和微机保护以及与调度通信等综合性的自动化功能，利用的技术包括电子技术、通信设备及信号处理技术和（　　）。

A. 计算机技术　　　　　　　　B. 工控技术
C. 人工智能技术　　　　　　　D. 大数据技术

1. 变压器是利用电磁感应的原理来改变交流电压的装置，主要功能除电流变换、阻抗变换外还应包括（　　）。

A. 电压变换　　　　　　　　　B. 稳压
C. 隔离　　　　　　　　　　　D. 功率变换
E. 增加电容

2. 下列属于铁路牵引供电用高压电器设备的有（　　）。

A. 高压断路器　　　　　　　　B. 合闸线圈
C. 隔离开关　　　　　　　　　D. 高压熔断器

E. 电流互感器

3. 高压电器在高压线路中除实现关合、量测功能外还包括（   ）功能。

    A. 开断   B. 保护

    C. 控制   D. 调节

    E. 吹弧

4. 接触网悬挂类型按照接触线、承力索的相对位置分为（   ）悬挂。

    A. 直链型   B. 半斜链型

    C. 防窜型   D. 斜链型

    E. 防断型

5. 接触网的供电方式分为（   ）。

    A. 双边供电   B. 单边供电

    C. 越区供电   D. 并联供电

    E. 串联供电

6. 接触网腕臂支柱按照在接触网中的作用可分为（   ）等。

    A. 中间柱   B. 转换柱

    C. 中心柱   D. 道岔柱

    E. 柱格构

7. 我国接触网补偿装置分为（   ）。

    A. 液压式   B. 滑轮式

    C. 棘轮式   D. 弹簧式

    E. 电动式

8. 接触网中心锚结种类可以分为（   ）。

    A. 两跨式   B. 防断型

    C. 三跨式   D. 防窜型

    E. 防滑型

9. 接触网定位器按照结构分为（   ）。

    A. 普通定位器   B. 限位定位器

    C. 特型定位器   D. 软定位器

    E. 硬定位器

1C417030   铁路通信工程

复习要点

1. 铁路通信技术
2. 通信接口设计

3. 通信施工技术

4. 通信系统测试

一 单项选择题

1. 通信网按铁路运营方式可分为（　　）。

  A. 公用通信网和专用通信网   B. 固定网和移动网

  C. 模拟通信网和数字通信网   D. 广域网、城域网和局域网

2. 通信传输介质分为有线介质和无线介质两大类，下列属于有线介质传输方式的是（　　）。

  A. 光纤   B. 无线电

  C. 微波   D. 红外线

3. GSM 通信系统主要由移动交换子系统（NSS）、基站子系统（BSS）和移动台（MS）三大部分组成。其中 NSS 与 BSS 之间的接口为（　　）。

  A. Un 接口   B. IP 接口

  C. A 接口   D. Um 接口

4. 光纤通信选用的波长范围在 800～1800nm，并称 800～900nm 为短波长波段，主要用 850nm 一个窗口。1300～1600nm 为长波长波段，主要有（　　）两个窗口。

  A. 1300nm 和 1540nm   B. 1310nm 和 1550nm

  C. 1320nm 和 1560nm   D. 1330nm 和 1570nm

5. 交流电源线 A、B、C 三相的色谱分别为（　　）、不接地中性线为紫色、接地中性线为黑色。

  A. 黄色、绿色、蓝色   B. 黄色、绿色、红色

  C. 绿色、蓝色、红色   D. 绿色、黄色、蓝色

二 多项选择题

1. 在通信网中，所谓拓扑结构是指构成通信网的节点之间的互联方式。其基本的拓扑结构有（　　）等。

  A. 网状网   B. 星形网

  C. 环形网   D. 直线网

  E. 局域网

2. 最基本的光纤通信系统由（　　）组成。

  A. 光信号源   B. 光功率计

  C. 光发射机   D. 光接收机

  E. 光纤线路

3. 通信系统主要包括（　　　）等。

　　A. 电源子系统　　　　　　　　　B. 传输子系统

　　C. 接入网子系统　　　　　　　　D. 无线通信子系统

　　E. 局域网子系统

1C417040　铁路信号工程

复习要点

1. 铁路信号技术
2. 信号工程施工
3. 综合接地

一　单项选择题

1. 下列 CTCS 体系结构中，属于以 CTCS 为行车安全保障基础，通过通信网络实现对列车运行控制和管理的是（　　　）。

　　A. 铁路运输管理层　　　　　　　B. 网络传输层

　　C. 地面设备层　　　　　　　　　D. 车载设备层

2. 驼峰作为解体列车的一种手段，被广泛应用在铁路枢纽的列车编组作业中。采用半人工准备溜放进路，人工控制车辆减速器进行制动的作业方式属于（　　　）。

　　A. 简易驼峰　　　　　　　　　　B. 机械化驼峰

　　C. 半自动化驼峰　　　　　　　　D. 自动化驼峰

二　多项选择题

1. 铁路信号设备主要包括（　　　）。

　　A. 转辙机　　　　　　　　　　　B. 调度指挥车

　　C. 信号机　　　　　　　　　　　D. 信号继电器

　　E. 电源屏

2. 车站联锁技术经历的发展阶段包括（　　　）。

　　A. 机械联锁　　　　　　　　　　B. 电锁器联锁

　　C. 电气集中联锁　　　　　　　　D. 微机联锁

　　E. 车载设备联锁

参考答案

【**1C417010** 参考答案】

一、单项选择题

1. C；　　2. B；　　3. C；　　4. D；　　5. B；　　6. C；　　7. B；　　8. C；

9. D；　　10. D；　　11. B

二、多项选择题

1. B、D；　　　　2. A、B、D、E；　　3. B、D；　　　　4. A、C；

5. B、C、D；　　6. A、D；　　　　7. B、D、E；　　　8. B、C、E

【**1C417020** 参考答案】

一、单项选择题

1. D；　　2. B；　　3. A；　　4. A；　　5. A；　　6. D；　　7. A

二、多项选择题

1. A、B、C；　　　　2. A、C、D；　　　3. A、B、C、D；　　4. A、B、D；

5. A、B、C、D；　　6. A、B、C、D；　　7. B、C、D；　　　8. B、D；

9. A、B、C、D

【**1C417030** 参考答案】

一、单项选择题

1. A；　　2. A；　　3. C；　　4. B；　　5. B

二、多项选择题

1. A、B、C；　　　　2. C、D、E；　　　3. A、B、C、D

【**1C417040** 参考答案】

一、单项选择题

1. A；　　2. B

二、多项选择题

1. A、C、D、E；　　2. A、B、C、D

1C420000　铁路工程项目施工管理

1C420010　铁路工程项目施工组织部署

复习要点

1. 铁路工程项目施工任务分解
2. 铁路工程标准化项目部的组建及人员配置
3. 铁路工程标准化架子队的组建及人员配置
4. 铁路工程项目总平面布置
5. 铁路工程项目临时施工场地的布置
6. 铁路工程项目驻地的布置
7. 铁路工程项目临时施工道路布置
8. 铁路工程项目临时电力设施布置
9. 铁路工程项目其他临时设施布置

一　单项选择题

1. 下列关于项目经理部的说法，正确的是（　　　）。
   A. 项目经理仅对质量安全负责　　　B. 项目经理部是企业常设机构
   C. 项目经理部具有独立责权利　　　D. 项目经理部具备法人资格

2. 下列选项中属于施工组织设计中施工进度计划编制内容的是（　　　）。
   A. 关键线路安排　　　　　　　　　B. 施工方法确定
   C. 施工任务分解　　　　　　　　　D. 施工区段划分

3. 施工队伍部署要求工人徒步上班路途应控制在（　　　）以内。
   A. 1km　　　　　B. 2km　　　　　C. 3km　　　　　D. 5km

4. 下列关于施工任务分解目的和作用的说法，正确的是（　　　）。
   A. 便于划分管理层次　　　　　　　B. 便于现场考核兑现
   C. 便于资源优化配置　　　　　　　D. 便于材料计划编制

5. 铁路便道干线交通量平均每昼夜为（　　　）以下时，可采用单车道标准。

A．100 辆　　　　　　　　　B．150 辆

C．200 辆　　　　　　　　　D．250 辆

6．对于工区或规模较小的铁路工程，其施工任务分解宜采用（　　　）的方法。

A．按工程类别分解　　　　　B．按配备的施工队伍分解

C．按施工工区分解　　　　　D．按组织机构分解

7．在铁路施工中，分项工程的施工顺序称作（　　　）。

A．施工方向　　　　　　　　B．工序顺序

C．作业顺序　　　　　　　　D．总体顺序

8．下列关于铁路建设项目架子队组建程序说法错误的是（　　　）。

A．公司根据中标工程任务等情况，确定架子队数量及人员规模

B．架子队根据项目经理部指定的作业任务合理设置作业班组

C．项目经理部在工程开工前应明确架子队内部机构设置

D．项目经理部与劳务承包企业依法签订劳务承包合同

二　多项选择题

1．施工组织设计中施工方案内容包括（　　　）。

A．施工区段划分　　　　　　B．施工方法确定

C．施工顺序安排　　　　　　D．流水施工组织

E．关键线路安排

2．现场组织机构的设置层次（　　　）。

A．一般为三个层次

B．可根据工程任务的多少划分若干层次

C．包括项目管理层、工区管理层、施工队和工班

D．与管理跨度的大小有关

E．包括项目管理层和施工队两个层次

3．临时施工场地位置的选择应遵循的原则有（　　　）。

A．交通便利

B．防洪、排水便利

C．可以占用耕地，达到节约用地的目的

D．尽量避开居民区，减少对周围居民的干扰

E．避开软基、落石区、滑坡体等不良地质环境

4．下列选项中属于施工组织设计主要内容的有（　　　）。

A．施工进度计划　　　　　　B．施工方案

C．施工现场布置　　　　　　D．资源配置

E．施工成本预算

5. 铁路施工项目上场前开展施工队伍配置工作，其主要作用有（　　）。

    A. 有利于编制组织机构   B. 有利于编制劳动力计划

    C. 可以确定施工单位数量   D. 可以明确工程任务划分

    E. 可以提前确定施工顺序

6. 施工队伍部署的根据包括（　　）。

    A. 现场施工交通条件

    B. 结构物分布情况

    C. 施工范围的划分

    D. 施工任务量多少

    E. 小型临时设施布置

1C420020　铁路工程项目施工方案的编制

复习要点

1. 路基工程施工方案的编制

2. 桥涵工程施工方案的编制

3. 隧道工程施工方案的编制

4. 轨道工程施工方案的编制

5. 电力工程施工方案的编制

6. 电力牵引供电工程施工方案的编制

7. 通信工程施工方案的编制

8. 信号工程施工方案的编制

 单项选择题

1. 路基填筑压实的主要施工机械不包括（　　）。

    A. 压实机械   B. 平整机械

    C. 洒水车   D. 钻孔机械

2. 隧道工程中的软弱围岩地段的施工一般采用：管超前、（　　）、短进尺、强支护、勤量测等综合施工措施。

    A. 快出渣   B. 快排水

    C. 严注浆   D. 快衬砌

3. 铁路顶进桥涵施工，要根据现场实际情况和设计图纸，采用（　　）施工。

    A. 整体顶进法或横抬梁法   B. 分次顶进法或整体顶进法

C. 整体顶进法或中继法 　　D. 中继法或分次顶进法

4. 下列属于隧道监控量测必测项目的是（　　）。

A. 隧道隆起 　　　　　　　B. 拱顶下沉

C. 围岩压力 　　　　　　　D. 钢架受力

二 多项选择题

1. 下列关于路堤填筑方案的描述，正确的有（　　）。

A. 基底处理由人工配合机械清除表土

B. 路基填筑压实一般采用平地机推平

C. 路堤石质填料采用中型振动压路机碾压

D. 膨胀土路基施工采用分层铺设土工格栅

E. 过渡段填筑采取小型压实机械薄层碾压

2. 新建长大线采取机械化直铺方法铺设无缝线路，主要铺轨设备是（　　）。

A. 长轨铺轨机 　　　　　　B. 布枕机

C. 牵引拉轨设备 　　　　　D. 长轨运输车辆、机车

E. 焊接设备

3. 机械化铺轨的主要机械设备有（　　）。

A. 铺轨机 　　　　　　　　B. 轨排运输车

C. 倒装龙门 　　　　　　　D. 倒装车

E. 运砟车

4. 通信系统调试分为（　　）阶段。

A. 子系统调试 　　　　　　B. 单机加电测试

C. 数据加载调试 　　　　　D. 全程全网调试

E. 传输系统调试

5. 下列属于牵引变电工程施工前需要进行接口调查和配合的专业有（　　）。

A. 信号 　　　　　　　　　B. 接触网

C. 电力 　　　　　　　　　D. 通信

E. 房建

1C420030　铁路工程项目施工组织进度计划的编制

复习要点

1. 铁路工程项目施工顺序安排

2. 铁路工程项目工期的计算

3. 铁路工程项目进度计划图表的编制

一 单项选择题

1. 下列属于隧道掘进循环时间计算的工作是（　　　）。
   - A. 供风管道铺设
   - B. 隧道洞内排水
   - C. 超前地质预报
   - D. 照明线路架设

2. 分项工程的施工进度是指（　　　）。
   - A. 单位时间内所完成的工程量
   - B. 完成该项工程的持续时间
   - C. 可以用公式表示为：$D = Q/N \cdot S$
   - D. 可以用公式表示为：$S = 1/T$

二 多项选择题

1. 总体施工顺序是指项目工程内（　　　）之间的施工顺序。
   - A. 单位工程
   - B. 单元工程
   - C. 工区
   - D. 工种
   - E. 单体工程

1C420040　铁路工程项目施工资源配置计划的编制

复习要点

1. 铁路工程项目劳动力配置计划的编制
2. 铁路工程项目材料供应计划的编制
3. 铁路工程项目施工机械设备配置计划的编制
4. 铁路工程项目施工检测仪器配置计划的编制
5. 铁路工程项目临时用地、用水与用电计划的编制

一 单项选择题

1. 临时用水、用电计划也属于材料计划，其消耗（　　　），与工程材料消耗有较大不同。

A．仅与施工持续时间有关

B．仅与工程量及耗损有关

C．不仅与工程量有关，和施工持续时间也有关系

D．不仅与工程量有关，和管理方式也有关系

2．合理选择机械设备是保证施工进度和提高经济效益的前提。一般情况下，当（　　）时应采用先进的、高效率的大型机械设备。

A．中标价高　　　　　　　　　　B．中标价低

C．工程量大　　　　　　　　　　D．工程量小

3．一般采用动力用电量的（　　）作为生活的总用电量。

A．1%～3%　　　　　　　　　　B．3%～5%

C．5%～10%　　　　　　　　　D．10%～15%

二　多项选择题

1．施工机械设备的选择应从施工条件考虑机械设备类型与之相符合，施工条件是指（　　）等因素。

A．施工场地的地质　　　　　　　B．地形

C．工程量大小　　　　　　　　　D．施工进度

E．施工方案

2．劳动定额具有（　　）的特点。

A．科学性　　　　　　　　　　　B．系统性

C．统一性　　　　　　　　　　　D．专业性

E．稳定性和时效性

3．施工临时用水需求计划编制的主要根据是（　　）等因素。

A．工程数量　　　　　　　　　　B．职工数量

C．机械设备数量　　　　　　　　D．施工工序

E．消防和环保要求

4．铁路工程施工中，临时用电量设备配置要考虑（　　）等因素来配置。

A．供电部位　　　　　　　　　　B．变压器的容量

C．用电设备的容量　　　　　　　D．配电导线截面

E．内燃发电机的功率

5．铁路施工常用的测量仪器有（　　）。

A．GPS全球定位仪　　　　　　　B．全站仪

C．经纬仪和水准仪　　　　　　　D．RTK测量系统

E．隧道断面仪和激光照准仪

6．施工机械设备类型按动力装置形式可分为（　　）。

A. 电动式   B. 内燃式

C. 气动式   D. 液压式

E. 数字式

7. 下列用于隧道二次衬砌施工的机械设备有（   ）。

A. 混凝土湿喷机   B. 混凝土输送泵

C. 混凝土运输车   D. 多功能台架

E. 砂浆拌合机

1C420050 铁路工程项目管理措施的编制

复习要点

1. 铁路工程项目质量管理措施的编制

2. 铁路工程项目安全管理措施的编制

3. 铁路工程项目工期控制措施的编制

4. 铁路工程项目环境保护措施的编制

5. 铁路工程项目文明施工措施的编制

一 单项选择题

1. 某段路基位于平缓山地，为长 200m、最大开挖深度 5m 的土石路堑。下列属于该段工程关键工序的是（   ）。

A. 基底处理   B. 软土地基

C. 路堑开挖   D. 边坡防护

2. 在有瓦斯的隧道内，绝不允许用自然通风，必须采用机械通风，使瓦斯浓度稀薄到爆炸浓度的（   ），达到允许浓度含量的要求。

A. $1/3\sim1/10$ B. $1/4\sim1/10$

C. $1/5\sim1/10$ D. $1/6\sim1/10$

二 多项选择题

1. 隧道工程的关键工序有（   ）。

A. 光面爆破   B. 隧道支护

C. 围岩加固   D. 隧道衬砌

E. 注浆加固

2. 某铁路隧道有岩溶地质地段，其工程需要采取的安全技术措施主要是（　　　）。

A. 爆破安全技术措施、隧道支护安全技术措施

B. 锚喷网安全技术措施、防有害气体安全技术措施

C. 用电管理安全技术措施

D. 超前地质预报安全技术措施

E. 防雨、防风、防涝安全技术措施

3. 某施工现场的文明施工做得很好，总结发现其现场文明施工内容与要求做到了（　　　）。

A. 施工平面规划规范、合理，施工作业规范

B. 安全警示规范、齐全，现场材料堆放条理有序

C. 机械设备停放集中有序，资料收集完整齐全

D. 现场宣传教育内容齐全、醒目、规范

E. 人员的素质大大提高

1C420060　铁路工程项目施工质量管理措施

复习要点

1. 路基施工质量管理措施
2. 桥涵施工质量管理措施
3. 隧道施工质量管理措施
4. 轨道施工质量管理措施
5. 电力施工质量管理措施
6. 电力牵引供电施工质量管理措施
7. 通信施工质量管理措施
8. 信号施工质量管理措施

一　单项选择题

1. 铁路项目工程质量计划应由（　　　）主持编制。

A. 公司总工程师　　　　　　　　B. 项目经理

C. 项目总工程师　　　　　　　　D. 项目安质部部长

2. 路基工程施工质量控制中，相关专业工序之间的交接检验应经（　　　）检查认可，未经检查或检查不合格的不得进行下道工序施工。

A. 岩土工程师   B. 监理工程师

C. 结构工程师   D. 项目经理

3. 铁路隧道工程中，施工单位应对下列（   ）五项指标进行检验，监理单位按规定进行平行检验或见证取样检测。

A. 测量准确度、衬砌厚度、强度、衬砌背后回填密实度及防水效果

B. 隧道限界、衬砌厚度、强度、衬砌背后回填密实度及防水效果

C. 初期支护、衬砌厚度、强度、衬砌背后回填密实度及防水效果

D. 初期支护、隧道限界、衬砌强度、衬砌背后回填密实度及防水效果

二 多项选择题

1. 下列属于施工生产阶段质量管理内容的有（   ）。

A. 图纸审查   B. 技术交底

C. 工程测量   D. 变更设计

E. 试车检验

2. 桥涵工程质量控制时，施工单位应对（   ）等涉及结构安全和使用功能的分部工程进行检验，监理单位按规定进行平行检验或见证取样检测。

A. 地基与基础   B. 墩台

C. 制梁   D. 架梁

E. 护栏

3. 铁路工程项目部在编制质量控制文件时，应该做到的事项是（   ）。

A. 项目经理应主持编制，相关职能部门参加

B. 项目部主要人员参加

C. 以业主质量要求为重点

D. 体现工序及过程控制

E. 体现投入产出全过程

4. 铁路工程质量管理中为便于管理经常划分成几个阶段，正确划分的质量管理阶段有（   ）。

A. 施工准备阶段   B. 施工生产阶段

C. 竣工验收阶段   D. 回访与保修阶段

E. 工程建设阶段

5. 在编制铁路工程质量计划时，计划的主要内容应该有（   ）。

A. 编制依据、项目概况

B. 质量目标、组织机构、质量控制及管理组织协调的系统描述

C. 必要的质量控制手段，施工过程、服务、检验和试验程序等，确定关键工序和特殊过程及作业指导书

D. 与施工阶段相适应的检验、试验、测量、验证要求，更改和完善质量计划的程序

E. 施工完成后的工务维修质量措施

6. 隧道工程质量控制时，施工单位应对（　　）等涉及结构安全和使用功能的分部工程及关键项目进行检验，监理单位按规定进行平行检验或见证取样检测。

A. 隧道限界　　　　　　　　　　B. 衬砌厚度、强度

C. 衬砌背后回填　　　　　　　　D. 监控量测

E. 防水

7. 下列属于变电所母线及绝缘子施工中质量控制的项目有（　　）。

A. 母线及金具的规格、型号、质量　　B. 绝缘子的规格、型号、质量

C. 母线连接口的引出方向　　　　　　D. 母线的相序及相色标志

E. 母线的相间及对地安全净距

1C420070　铁路新线施工安全管理措施

复习要点

1. 新线路基施工安全控制措施
2. 新线桥涵施工安全控制措施
3. 新线隧道施工安全控制措施
4. 新线轨道施工安全控制措施
5. 新线电力施工安全控制措施
6. 新线电力牵引供电施工安全控制措施
7. 新线通信施工安全控制措施
8. 新线信号施工安全控制措施
9. 新线施工安全事故应急救援预案

一　单项选择题

1. 为确保桥梁换装安全，龙门架所在线路条件，应为坡度不得大于（　　）的直线地段。

A. 3‰　　　　　　　　　　　　B. 5‰

C. 7‰　　　　　　　　　　　　D. 10‰

2. 铁路隧道工程开挖爆破后，必须经过最短的通风排烟时间即（　　）以后，检查人员方可进入工作面检查。

A. 10min
B. 15min
C. 20min
D. 25min

3. 铁路隧道工程衬砌使用的脚手架、工作平台、跳板、梯子等应安装牢固，不得有露头的钉子和穿梭出尖角，靠近运输道一侧应有足够的净空，以保证车辆、行人安全通行，脚手架、工作平台上应搭设不低于（　　）的栏杆。

A. 0.8m
B. 1.0m
C. 1.2m
D. 1.4m

4. 铁路轨道工程滑道法装卸钢轨，滑道坡度要适当，安放要稳固，装卸12.5m长的钢轨，滑行轨应不小于（　　）根；装卸25m长的钢轨，滑行轨应不小于（　　）根。

A. 2，3
B. 2，4
C. 3，6
D. 4，8

5. 在线监测及环境安全系统主要有在线绝缘监测盘组立、室外检测单元安装、线缆敷设连接及（　　）等几项施工内容。

A. 基础浇筑
B. 杆塔组立
C. 系统调试
D. 设备吊装

6. 安全监控视频系统的施工步骤依次为：盘柜组立、检测元件安装、线槽布设及系统布线、配线和系统调试，其中最关键工序是（　　）。

A. 盘柜组立
B. 元件安装
C. 线槽布设
D. 系统调试

7. 当邻线未封锁时，作业车任何部位不得侵入（　　），作业平台不得向邻线方向旋转。

A. 邻线建筑限界
B. 邻线外侧限界
C. 邻线机车限界
D. 邻线内侧限界

8. 使用发电机、振捣器、搅拌机时必须设置（　　），并设专人负责，使用前必须检查电源开关、电线和电缆绝缘状况，电机、接地线以及搅拌机的防护罩、离合器和制动装置等，确认良好后方可作业。

A. 空气开关
B. 跌落开关
C. 闸刀
D. 漏电保护开关

二 多项选择题

1. 为保证新线隧道装渣与运输安全，长隧道的出渣运输宜（　　）以提高运输效率，确保作业安全。

A. 建立工程运输调度
B. 统一指挥
C. 建立安全规章制度
D. 设立合理的建议
E. 配备无线通信设备

2. 营业线旁路堤绑宽施工要注意营业线施工路堤安全，施工中若发现（   ）要立即停止施工，并采取巡守、加固措施。

    A．道床不稳   B．路堤变形

    C．路堤开裂   D．道床弹性变形

    E．道床翻浆

3. 下列关于新线隧道开挖安全控制措施的说法，正确的有（   ）。

    A．加强地质情况观察，合理开挖防止塌方

    B．钻爆人员负责找顶找帮

    C．两端工作面接近 10m 时一端停止工作

    D．两端工作面接近 200m 爆破时提前通知对方撤离

    E．爆破后经过 15min 通风排烟检查人员方可进入工作面

4. 铁路新线路堑开挖过程中，应注意施工安全，若出现岩层走向、倾角不利于边坡稳定及施工安全的地段应及时采取（   ）等措施。

    A．顺层开挖   B．不挖断岩层

    C．减弱施工振动   D．加强支护

    E．加快开挖速度

5. 铺轨机铺轨后，地面轨排（   ），吊起的铺轨排不得伸出铺轨机。

    A．连接工作尚未完毕   B．施工人员未撤离到线路两侧

    C．道砟没有补足   D．挂钩没有系牢

    E．前方未压道完成

6. 应急预案的指导思想应坚持（   ）的方针。

    A．以人为本   B．安全第一

    C．预防为主   D．减小损失

    E．紧急补救

7. 避雷针安装施工安全要求有（   ）。

    A．避雷针的焊接和组立应设专人操作和指挥

    B．避雷针进行整体连接或焊接时，应在地面上进行操作

    C．避雷针组立前应进行可靠接地，防止遭受意外雷击

    D．起吊避雷针时应在避雷针底部配重，起吊部位应采取加强措施

    E．立起后要及时将地脚螺栓拧紧，在未拧紧前吊车不得摘钩

8. 下列属于在电气试验施工中应采取的安全措施有（   ）。

    A．在做高压试验前准备好接地线、放电棒、绝缘工具

    B．试验用电源开关闸刀，在断开位置时手柄应大于 60°

    C．在试验现场周围应设置围栏并悬挂警示标志牌

    D．高压试验时，应确认被试设备额定电压和试验电压

    E．试验结束后，应先对被试设备放电后拆除地线

1C420080 铁路营业线施工安全管理措施

复习要点

1. 营业线路基施工安全控制措施
2. 营业线桥涵施工安全控制措施
3. 营业线隧道施工安全控制措施
4. 营业线轨道施工安全控制措施
5. 营业线电力施工安全控制措施
6. 营业线电力牵引供电施工安全控制措施
7. 营业线通信施工安全控制措施
8. 营业线信号施工安全控制措施
9. 营业线施工安全事故应急救援预案

一 单项选择题

1. 营业线高速铁路施工中，超出图定天窗时间且需要调整图定跨局旅客列车开行（含确认列车）的大型站场改造、新线引入、全站信联闭改造、CTC 中心系统设备及列控系统设备改造、换梁、上跨铁路结构物等施工属于（　　）。
    A. Ⅰ级施工　　　　　　　　　　B. Ⅱ级施工
    C. Ⅲ级施工　　　　　　　　　　D. Ⅳ级施工

2. 普速铁路营业线施工中，繁忙干线封锁 3 小时及以上或影响全站（全场）信联闭 4 小时及以上的施工；干线封锁正线 4 小时及以上或影响全站（全场）信联闭 6 小时及以上施工；繁忙干线和干线其他换梁施工属于（　　）。
    A. Ⅰ级施工　　　　　　　　　　B. Ⅱ级施工
    C. Ⅲ级施工　　　　　　　　　　D. Ⅳ级施工

二 多项选择题

1. 控制爆破应解决好（　　）等问题。
    A. 控制爆破的作业时间　　　　　　B. 控制总爆破石方数量
    C. 控制抛掷方向　　　　　　　　　D. 控制飞石破坏
    E. 控制地震波破坏

2. 铁路营业线旁修建小间距并行隧道时，施工安全控制应该注意新建隧道的弃土与弃渣，应堆放到指定位置，不要随意弃放以免（　　）。

    A．引起滑坡　　　　　　　　　B．堵塞营业线隧道口

    C．危及行车安全　　　　　　　D．危及行人安全

    E．发生泥石流

3．铁路营业线上增建桥梁，采用扣轨架设便桥及加固线路时，应对其线路进行（　　），便桥架设应保证列车通过的安全。

    A．封锁要点　　　　　　　　　B．限速运行

    C．快速施工　　　　　　　　　D．快速通过

    E．临时整道

4．铁路营业线上隧道改建安全控制中，为防止列车超出车辆限界造成人身伤亡和设备损坏，应在改建的隧道两端停车站（　　）后方可通行。

    A．设置机车、车辆限界架

    B．由专人负责检查

    C．与车站值班员共同签认不超过规定界限

    D．设置安全警戒线

    E．由工程师定期检查

5．对铁路营业线的无缝线路区段进行加固施工作业时，应对线路进行锁定，否则应对施工范围内的无缝线路（　　），然后再进行加固。

    A．进行应力放散　　　　　　　B．临时换为普通钢轨

    C．对钢轨进行洒水降温　　　　D．临时拨道

    E．临时抬道

6．铁路营业线轨道工程施工安全控制中，注意封锁拨接施工前，施工单位应在（　　）后，施工单位必须根据调度命令确定的封锁地段和封锁时间安排好施工防护后方可进行施工。

    A．要点站施工登记本上按施工方案确定的内容登记要点申请

    B．车站值班员按施工单位的登记向列车调度提出要点申请

    C．列车调度发布封锁命令

    D．临时进行计划申请

    E．实施临时限速

7．铁路营业线临时道口应设置在瞭望条件良好的地点，且（　　）。

    A．距道岔、桥台在 100m 以内，应避免设置道口

    B．应能看到两侧各 400m 以外的列车

    C．列车在 800m 以外可看见道口

    D．道口交叉锐角不得小于 35°

    E．其铁路两侧的道路应不小于 25m 的直线段

8．临时道口发生障碍时，应迅速做好防护，包括（　　）。

    A．立即通知车站和邻近道口　　B．显示停车信号拦停列车

C. 尽快处理道口故障　　　　　　　D. 立即向领导汇报

E. 增加停车信号

9. 施工单位在铁路营业线施工前必须与铁路设备单位签订的协议有（　　　）。

A. 施工承包协议　　　　　　　　　B. 施工安全协议

C. 施工质量协议　　　　　　　　　D. 施工监护协议

E. 施工配合协议

10. 下列在带电线路杆塔上或带电设备附近作业的安全距离正确的有（　　　）。

A. 10kV 及以下安全距离为 0.7m　　B. 20～35kV 安全距离为 1.0m

C. 60～110kV 安全距离为 2.0m　　D. 220kV 安全距离为 4.0m

E. 330kV 安全距离为 6.0m

11. 保障停电作业安全的技术措施有（　　　）。

A. 停电　　　　　　　　　　　　　B. 验电

C. 接地　　　　　　　　　　　　　D. 设置标识牌

E. 设置隔离措施

1C420090　铁路工程项目施工进度管理要求及方法

复习要点

1. 铁路工程项目施工进度管理要求
2. 铁路工程项目施工进度管理方法

一　单项选择题

1. 在铁路工程项目站前工程施工中，线上工程工期主要是指（　　　）的工期。

A. 路基工程　　　　　　　　　　　B. 桥涵工程

C. 隧道工程　　　　　　　　　　　D. 铺架工程

二　多项选择题

1. 铁路工程施工工期控制方法有（　　　）。

A. 建立工期控制组织机构　　　　　B. 制定总工期和里程碑工期目标

C. 编制实施性进度计划　　　　　　D. 明确关键线路、制定控制措施

E. 周期性检查、分析、调控进度

2. 铁路工程施工进度计划常用的编制表达方法有（　　　）。

    A. 网络图计划   B. 横道图计划

    C. 形象图计划   D. 曲线图计划

    E. 斜率图计划

3. 以下关于铁路工程工期说法正确的有（　　　）。

    A. 站前工程工期包括钢轨（不含）以下的桥梁（不含机架梁）、隧道、路基、道砟工程施工工期

    B. 站前工程是以轨道工程铺通并能行车为目标的工期

    C. 只有线下工程完成后才可以铺架

    D. 铺架工程属于站前工程但不属于线下工程

    E. 站后工程是指铺架工程及铺架后所要做的铁路工程

1C420100　铁路工程项目合同管理要求及方法

复习要点

1. 铁路工程项目合同管理要求
2. 铁路工程项目合同管理方法

一　单项选择题

1. 下列工种中属于特种作业人员的是（　　　）。

    A. 模板工   B. 钢筋工

    C. 砌筑工   D. 电焊工

二　多项选择题

1. 铁路建设工程承包合同文件的组成包括（　　　）。

    A. 招标文件   B. 合同协议书

    C. 中标通知书   D. 投标函及投标函附录

    E. 技术标准和要求

2. 铁路工程实行总价承包，下列可调整合同价格的情形有（　　　）。

    A. 建设方案调整   B. 建设标准调整

    C. 建设规模调整   D. 施工组织调整

E. 施工工艺改变

3. 总承包风险费是指由总承包单位为支付风险费用计列的金额，风险费用包括的内容有（　　）。

    A. 非不可抗力造成的损失及对其采取的预防措施费用

    B. 非发包人供应的材料、设备除政策调整以外的价差

    C. 实施性施工组织设计调整造成的损失和增加的措施费

    D. 工程保险费

    E. 非承包人原因引起的 I 类变更设计

4. 以下关于劳务合同管理中，说法正确的有（　　）。

    A. 项目部应配备专（兼）职劳务管理人员，负责劳务企业用工主体资格、劳务人员劳动关系建立及工资发放等监管，按有关规定报上级和相关单位备案

    B. 公司和项目部在引入劳务承包企业与劳务派遣公司时，应检查验证劳务承包企业和劳务派遣公司与劳务人员签订的劳动合同

    C. 公司和项目部应监管劳务承包企业与劳务派遣公司的资质证照，确认其在履约期间始终具备合法、有效的用工主体资格，杜绝非法用工

    D. 项目部和架子队要落实劳务人员工伤和人身意外伤害保险，项目部及时为劳务人员缴纳社会保险

    E. 公司和项目部与零散劳务工签订的劳动合同须符合劳动法的规定

1C420110　铁路工程造价管理要求及方法

复习要点

1. 铁路工程造价管理要求
2. 铁路工程造价管理方法

一　单项选择题

1. 铁路工程价格信息，由工程造价管理机构收集、整理、分析，并（　　）铁路工程主要材料价格信息。

    A. 按月度发布　　　　　　　　B. 按季度发布

    C. 按年度发布　　　　　　　　D. 不定期发布

2. 单价承包模式下工程量清单中所列工程数量仅作为（　　）。

    A. 最终计价的依据　　　　　　B. 实际完成的数量

    C. 投标的共同基础　　　　　　D. 计划完成的数量

1. 铁路工程造价标准包括（　　　）。
   A．办法规则
   B．企业定额
   C．费用定额
   D．技术文件
   E．价格信息

2. 下列符合工程量清单编制一般规定的有（　　　）。
   A．工程量清单是编制招标文件的基础
   B．工程量清单应当按统一的格式编制
   C．清单中综合单价应按规范相关规定编制
   D．招标工程量清单的准确性由咨询人负责
   E．综合单价包含完成全部工程内容的费用

1C420120　铁路工程项目成本管理要求及方法

复习要点

1. 铁路工程项目成本管理要求
2. 铁路工程项目成本管理方法

一 单项选择题

1. 铁路工程项目施工成本核算的主要方法不包括（　　　）。
   A．会计核算
   B．统计核算
   C．业务核算
   D．双轨制核算

二 多项选择题

1. 公司成本管理工作的主要内容包括（　　　）。
   A．编制成本预算
   B．实行动态监控
   C．成本目标分解
   D．实施限额发料
   E．投标成本测算

2. 项目部成本管理工作的内容包括（　　　）。

A. 开展项目管理策划和施工方案优化工作，按照责任主体和工程项目分别进行分解，编制分项成本预算，明确各责任主体成本目标，签订责任合同，定期考核兑现

B. 在投标时应按企业定额测算成本，做好标前成本控制

C. 中标后及时开展成本策划工作，编制责任成本预算

D. 落实劳务招标、工序分包管理制度，定期开展劳务成本分析工作

E. 对材料实行计划采购、规范招标，对作业层限额发料、日清月结，进行节超分析

3. 下列属于材料用量控制的措施有（　　）。

A. 实行限额领料制度 　　　　　　B. 合理确定进货批量

C. 做好计量验收工作 　　　　　　D. 推行新技术新工艺

E. 合理堆放减少搬运

4. 成本分析报告的内容应与成本核算对象的划分和成本核算内容相一致。应包括的内容有（　　）。

A. 人工费分析 　　　　　　　　　B. 材料费分析

C. 周转性材料费用分析 　　　　　D. 机械费分析

E. 变更设计分析

1C420130　铁路工程项目环境保护管理要求及措施

复习要点

1. 铁路工程项目环境保护管理要求
2. 铁路工程项目环境保护管理措施

一　单项选择题

1. 铁路（　　）都有保护和改善环境的责任和义务。

A. 一切单位和职工 　　　　　　　B. 环境保护部门

C. 养护部门 　　　　　　　　　　D. 单位主管领导

二　多项选择题

1. 在环保工程与主体工程的建设中，要做到（　　）。

A. 同时设计 　　　　　　　　　　B. 同时施工

C. 同时投入生产 　　　　　　　　D. 同时使用

E. 同时完工

2. 铁路环境保护工作必须贯彻的方针包括（　　）。

A. 全面规划　　　　　　　　　B. 综合布局

C. 预防为主　　　　　　　　　D. 全面治理

E. 强化管理

1C420140　铁路工程项目文明施工管理要求及措施

复习要点

1. 铁路工程项目文明施工管理要求

2. 铁路工程项目文明施工管理措施

一　单项选择题

1.（　　）单位应结合施工环境、条件，认真进行施工现场文明形象管理的总体策划、设计、布置、使用和管理。

A. 施工　　　　　　　　　　　B. 监理

C. 养护　　　　　　　　　　　D. 设计

二　多项选择题

1. 施工现场应设置"五牌一图"，下列选项中属于"五牌一图"内容的有（　　）。

A. 工程概况牌　　　　　　　　B. 安全生产牌

C. 文物保护牌　　　　　　　　D. 消防保卫牌

E. 施工现场平面图

1C420150　铁路工程项目现场技术管理要求及方法

复习要点

1. 铁路工程项目现场技术管理要求

2. 铁路工程项目现场技术管理方法

1. 铁路工程现场完整的技术管理内容包括技术基础管理工作、（ 　　）、技术开发管理工作和技术总结。

    A. 安全与质量管理工作   B. 测量与试验管理工作

    C. 施工组织设计工作   D. 施工过程技术管理工作

2. 技术管理工作由项目管理机构（ 　　）全面负责。

    A. 项目经理   B. 总工程师

    C. 各专业技术主管   D. 监理工程师

⊖ 多项选择题

1. 施工单位在施工图核对时，重点检查的项目有（ 　　）。

    A. 设计文件是否齐全   B. 设计文件有无差错漏项

    C. 将设计文件与现场核对   D. 确认设计文件是否符合实际情况

    E. 确认设计标准是否符合规范要求

2. 以下项目的进行，由项目总工程师牵头或全面负责的是（ 　　）。

    A. 施工图现场核对   B. 施工技术调查

    C. 施工材料的采购   D. 工程竣工验收

    E. 施工技术交底

1C420160　铁路工程项目现场试验管理要求及方法

复习要点

1. 铁路工程项目现场试验管理要求
2. 铁路工程项目现场试验管理方法

⊖ 单项选择题

1. 现场试验室建成后，必须经（ 　　）部门验收合格，项目管理机构批准后，方可投入使用。

    A. 设计   B. 监理

C. 施工   D. 质检

2. 工程试验和检验工作的管理和监督由（   ）部门负责。

    A. 工程技术   B. 试验

    C. 安全质量   D. 物资

3. 对金属、水泥、道砟等工程材料必须坚持（   ）的原则。

    A. 先检验后使用   B. 先使用后检验

    C. 边使用边检验   D. 以上均可

二　多项选择题

1. 试验管理标准与制度主要包括（   ）。

    A. 材料进场检验制度   B. 设备进场检验制度

    C. 场地地质情况检验制度   D. 施工过程中的检测、试验制度

    E. 竣工验收中的检验、试验制度

1C420170　铁路工程项目施工质量验收

复习要点

1. 铁路工程项目施工质量验收内容
2. 铁路工程项目施工质量验收程序

一　单项选择题

1. 下列选项中既适用于新建和改建设计速度 200km/h 及以下铁路又适用于新建设计速度 250～350km/h 高速铁路的质量验收标准是（   ）。

    A.《铁路路基工程施工质量验收标准》TB 10414

    B.《铁路桥涵工程施工质量验收标准》TB 10415

    C.《铁路隧道工程施工质量验收标准》TB 10417

    D.《铁路混凝土工程施工质量验收标准》TB 10424

2. 单位工程完工后由（   ）项目负责人组织相关单位进行验收。

    A. 建设单位   B. 监理单位

    C. 施工单位   D. 勘察设计单位

3. 工程施工质量验收中，（   ）质量验收是最基本的。

A. 分项工程   B. 检验批

C. 分部工程   D. 单位工程

二 多项选择题

1. 铁路工程施工质量验收标准简称验标,是( )对工程施工阶段的质量进行监督、管理和控制的主要依据。

A. 政府部门   B. 专门质量机构

C. 仲裁机构   D. 建设单位和监理单位

E. 勘察设计单位和施工单位

1C420180 铁路工程项目竣工验收

复习要点

1. 铁路工程项目竣工验收条件

2. 铁路工程项目竣工验收内容

3. 铁路工程项目竣工验收程序

4. 铁路工程项目竣工文件编制要求

一 单项选择题

1. 铁路建设项目申请国家验收应在初步验收合格且初期运营( )后进行。

A. 3个月   B. 6个月

C. 1年   D. 2年

2. 铁路工程竣工文件编制的组织工作应由( )单位负责。

A. 建设   B. 设计

C. 施工   D. 监理

二 多项选择题

1. 建设项目管理部门应在建设项目达到国家验收条件后,向国家发展改革委申请国家验收,同时应提供的情况报告内容包括( )。

A. 批准可行性研究报告复印件　　　B. 初步验收报告

C. 初期运营及安全情况　　　　　　D. 工程竣工结算审批情况

E. 档案移交情况

参考答案

【1C420010　参考答案】

一、单项选择题

1. C;　　2. A;　　3. C;　　4. C;　　5. C;　　6. A;　　7. C;　　8. D

二、多项选择题

1. A、B、C、D;　　2. A、D;　　3. A、B、D、E;　　4. A、B、C、D;

5. A、B、C、D;　　6. A、B、C、D

【1C420020　参考答案】

一、单项选择题

1. D;　　2. C;　　3. C;　　4. B

二、多项选择题

1. A、D、E;　　2. A、B、C、D;　　3. A、B、C、D;　　4. A、B、D;

5. B、C、D、E

【1C420030　参考答案】

一、单项选择题

1. C;　　2. A

二、多项选择题

1. A、B、C

【1C420040　参考答案】

一、单项选择题

1. C;　　2. C;　　3. C

二、多项选择题

1. A、B、C、D;　　2. A、B、C、E;　　3. A、B、C、E;　　4. B、D、E;

5. A、B、C、E;　　6. A、B、C;　　7. B、C

【1C420050 参考答案】

一、单项选择题
1．C；　2．C

二、多项选择题
1．A、B、C、D；　2．A、B、C、D；　3．A、B、C、D

【1C420060 参考答案】

一、单项选择题
1．B；　2．B；　3．B

二、多项选择题
1．B、C、D；　　2．A、B、C、D；　3．A、C、D、E；　4．A、B、C、D；
5．A、B、C、D；　6．A、B、C、E；　7．A、B、D、E

【1C420070 参考答案】

一、单项选择题
1．D；　2．B；　3．B；　4．B；　5．C；　6．D；　7．A；　8．D

二、多项选择题
1．A、B；　　　2．A、B、C；　　3．A、D、E；　　4．A、B、C；
5．A、B；　　　6．A、B、C；　　7．A、B、D、E；　8．A、C、D、E

【1C420080 参考答案】

一、单项选择题
1．A；　2．B

二、多项选择题
1．A、C、D、E；　2．A、B、C；　3．A、B；　　　4．A、B、C；
5．A、B；　　　6．A、B、C；　　7．A、B、C；　8．A、B、C；
9．B、D、E；　　10．A、B；　　11．A、B、C、D

【1C420090 参考答案】

一、单项选择题
1．D

二、多项选择题
1．B、C、D、E；　2．A、B、C、E；　3．B、C、D

115

【1C420100　参考答案】

一、单项选择题

1. D

二、多项选择题

1. B、C、D、E；　　2. A、B、C；　　3. A、B、C、D；　　4. A、B、C、E

【1C420110　参考答案】

一、单项选择题

1. B；　　2. C

二、多项选择题

1. A、C、E；　　2. A、B、C、E

【1C420120　参考答案】

一、单项选择题

1. B

二、多项选择题

1. A、B、E；　　2. A、D、E；　　3. A、B、D、E；　　4. A、B、C、D

【1C420130　参考答案】

一、单项选择题

1. A

二、多项选择题

1. A、B、C、D；　　2. A、C、E

【1C420140　参考答案】

一、单项选择题

1. A

二、多项选择题

1. A、B、D、E

【1C420150　参考答案】

一、单项选择题

1. D；　　2. B

二、多项选择题

1. A、B、C、D；　　2. A、B、E

【1C420160 参考答案】

一、单项选择题
1. B； 2. C； 3. A
二、多项选择题
1. A、B、D、E

【1C420170 参考答案】

一、单项选择题
1. D； 2. A； 3. B
二、多项选择题
1. A、B、D、E

【1C420180 参考答案】

一、单项选择题
1. C； 2. A
二、多项选择题
1. A、B、C、E

1C430000　铁路工程项目施工相关法规与标准

1C431000　铁路建设管理法律法规

1C431010　铁路法相关规定

1. 铁路的分类
2. 铁路建设相关要求

单项选择题

1. 按照《铁路法》规定，我国铁路分为国家铁路、地方铁路、（　　）和铁路专用线。
   A. 合资铁路　　　　　　　　　B. 合营铁路
   C. 专有铁路　　　　　　　　　D. 专营铁路

1C431020　铁路安全管理条例相关规定

复习要点

1. 铁路建设质量安全的规定
2. 铁路专用设备质量安全的规定
3. 铁路线路安全的规定
4. 铁路运营安全的规定
5. 监督检查的规定
6. 法律责任的规定

1. 新建高速铁路需要与既有普速铁路交叉,优先选择(   )方案。
   A. 涵洞下穿
   B. 平面交叉
   C. 高速铁路上跨
   D. 隧道下穿

2. 在铁路线路路堤坡脚、路堑坡顶、铁路桥梁外侧起向外各(   )m 范围内,以及在铁路隧道上方中心线两侧各(   )m 范围内,确需从事露天采矿、采石或者爆破作业的,应当与铁路运输企业协商一致,依照有关法律法规的规定报县级以上地方人民政府有关部门批准,采取安全防护措施后方可进行。
   A. 1000,800
   B. 1000,1000
   C. 800,1000
   D. 800,800

3. 高速铁路线路路堤坡脚、路堑坡顶或者铁路桥梁外侧起向外各(   )m 范围内禁止抽取地下水。
   A. 100
   B. 150
   C. 200
   D. 250

1. 铁路线路两侧应当设立铁路线路安全保护区。铁路线路安全保护区的范围,从铁路线路路堤坡脚、路堑坡顶或者铁路桥梁(含铁路、道路两用桥,下同)外侧起向外的距离以下叙述正确的有(   )。
   A. 城市市区高速铁路为 10m,其他铁路为 8m
   B. 城市郊区居民居住区高速铁路为 12m,其他铁路为 10m
   C. 村镇居民居住区高速铁路为 15m,其他铁路为 10m
   D. 村镇居民居住区高速铁路为 15m,其他铁路为 12m
   E. 其他地区高速铁路为 20m,其他铁路为 15m

1C431030   铁路交通事故应急救援和调查处理相关规定

复习要点

1. 事故等级的划分
2. 事故报告的规定
3. 事故应急救援的规定

4. 事故调查处理的规定

一 单项选择题

1. 造成 3 人以上 10 人以下死亡，或者 10 人以上 50 人以下重伤，或者 1000 万元以上 5000 万元以下直接经济损失的事故，属于（   ）。

    A. 特别重大事故

    B. 重大事故

    C. 较大事故

    D. 一般事故

2. 当发生重大事故时，事故调查组应当按照国家有关规定开展事故调查，并在（   ）日调查期限内向组织事故调查组的机关或者铁路管理机构提交事故调查报告。

    A. 60   B. 30

    C. 20   D. 10

参考答案

【1C431010　参考答案】

一、单项选择题

1. C

【1C431020　参考答案】

一、单项选择题

1. C;　2. B;　3. C

二、多项选择题

1. A、B、D、E

【1C431030　参考答案】

一、单项选择题

1. C;　2. B

1C432000　铁路建设管理相关规定

1C432010　铁路基本建设工程设计概（预）算编制相关规定

复习要点

1. 铁路基本建设工程设计概（预）算编制方法
2. 铁路基本建设工程设计概（预）算费用内容
3. 铁路基本建设工程设计概（预）算其他编制规定

一　单项选择题

1. 设计概（预）算的编制是按三个层次逐步完成的，这三个层次依次为（　　　）。
   A. 总概（预）算、综合概（预）算、单项概（预）算
   B. 单项概（预）算、总概（预）算、综合概（预）算
   C. 综合概（预）算、单项概（预）算、总概（预）算
   D. 单项概（预）算、综合概（预）算、总概（预）算

2. 基期至设计概（预）算编制期所发生的各项价差，由设计单位在编制概（预）算时，按本办法规定的价差调整方法计算，列入（　　　）。
   A. 单项概（预）算
   B. 总概（预）算
   C. 综合概（预）算
   D. 按合同约定办理

二　多项选择题

1. 下列属于静态投资费用种类的是（　　　）。
   A. 建筑工程费
   B. 工程造价增长预留费
   C. 安装工程费
   D. 设备购置费
   E. 建设期投资贷款利息

2. 人工费包括（　　　）。
   A. 基本工资
   B. 津贴和补贴
   C. 差旅交通费
   D. 职工福利费
   E. 生产工人劳动保护费

3. 施工机械使用费包括（　　　）等。
   A. 折旧费
   B. 检验试验费

C. 检修费　　　　　　　　　　　　D. 安装拆卸费

　　E. 燃料动力费

1C432020　铁路建设工程施工招标投标相关规定

复习要点

1. 铁路建设工程施工招标条件和招标计划的规定
2. 铁路建设工程施工招标公告和招标文件的规定
3. 铁路建设工程施工投标、开标、评标和定标的规定

一　单项选择题

　　1. 铁路工程招标资格审查或招标过程中，资格预审文件或者招标文件的发售期不得少于（　　）日。依法必须进行招标的项目提交资格预审申请文件的时间，自资格预审文件停止发售之日起不得少于（　　）日。

　　A. 5　7　　　　　　　　　　　　B. 5　5

　　C. 7　7　　　　　　　　　　　　D. 7　5

　　2. 招标人可以对已发出的招标文件进行必要的澄清或者修改。澄清或者修改的内容可能影响投标文件编制的，招标人应当在投标截止时间至少（　　）日前，以书面形式通知所有获取招标文件的潜在投标人。

　　A. 10　　　　　　　　　　　　　B. 14

　　C. 15　　　　　　　　　　　　　D. 20

　　3. 铁路工程项目招标采用施工总价承包方式的，投标人应按招标文件中载明的费用进行报价的费用是（　　）。

　　A. 总承包风险费　　　　　　　　B. 大临及过渡工程费

　　C. 营业线措施费　　　　　　　　D. 安全生产费

　　4. 招标人应当在收到评标委员会评标报告之日起（　　）日内公示中标候选人，公示期不得少于（　　）日。

　　A. 3　3　　　　　　　　　　　　B. 3　5

　　C. 5　3　　　　　　　　　　　　D. 5　5

　　5. 招标人与中标人签订合同后（　　）日内，铁路公司应将合同送工管中心备案，铁路局管项目管理机构应将合同送铁路局招标办备案。

　　A. 10　　　　　　　　　　　　　B. 14

　　C. 15　　　　　　　　　　　　　D. 20

二 多项选择题

1. 铁路工程施工招标应具备的条件有（　　　）。
   A. 建设单位（或项目管理机构）依法成立
   B. 有相应的资金或资金来源已经落实
   C. 施工图已经审核合格
   D. 施工图预算已经核备或批准
   E. 实施性施工组织设计已经编制完毕

2. 铁路工程招标计划包括（　　　）。
   A. 工程概况　　　　　　　　　B. 招标范围
   C. 成本预算　　　　　　　　　D. 标段划分
   E. 评标办法

3. 铁路工程招标中，下列属于标段划分原则的有（　　　）。
   A. 坚持科学合理原则　　　　　B. 坚持施组优化原则
   C. 坚持质量第一原则　　　　　D. 坚持安全第一原则
   E. 坚持进度优先原则

4. 铁路工程资格预审时，以下条件不能通过资格审查的是（　　　）。
   A. 投标人资质不满足要求
   B. 被暂停或取消投标资格的
   C. 没有安全生产许可证的
   D. 一般工程潜在投标人仅有类似工程业绩的
   E. 资格预审申请文件无单位盖章的

5. 评标委员会应当否决投标的情形有（　　　）。
   A. 投标文件未经投标单位盖章和单位负责人签字
   B. 投标联合体没有提交共同投标协议
   C. 投标人不符合国家或者招标文件规定的资格条件
   D. 投标报价低于成本或者高于招标文件设定的最高投标限价
   E. 投标文件已对招标文件的实质性要求和条件作出响应

1C432030　铁路建设工程招标投标监管相关规定

复习要点

1. 铁路工程建设项目招标的规定
2. 铁路工程建设项目投标的规定

3. 铁路工程建设项目开标、评标和中标的规定

4. 铁路工程建设项目招标投标监督管理的规定

5. 铁路工程建设项目招标投标法律责任的规定

一 单项选择题

1. 负责全国铁路工程建设项目招标投标活动的监督管理工作的单位是（　　　）。

    A. 国铁集团　　　　　　　　　　B. 国家铁路局

    C. 地方政府　　　　　　　　　　D. 地区铁路监督局

二 多项选择题

1. 依法必须进行招标的铁路工程建设项目资格预审公告或者招标公告应当载明的内容有（　　　）。

    A. 招标项目名称、内容、范围　　B. 投标资格能力要求

    C. 获取资格预审文件的时间　　　D. 资格审查委员会成员名单

    E. 递交资格预审文件的截止时间

2. 下列符合铁路工程建设项目投标对投标人要求的有（　　　）。

    A. 具备承担招标项目的能力

    B. 具备招标文件规定和国家规定的资格条件

    C. 不得以银行保函方式提交投标保证金

    D. 按照招标文件的要求编制投标文件

    E. 在投标文件中载明中标后拟分包的工程内容

1C432040　铁路建设工程质量管理相关规定

复习要点

1. 施工单位质量责任和义务的规定

2. 铁路建设工程质量事故调查处理的规定

1. 发生铁路建设工程质量事故，应当依据国家相关规定调查处理。下列事故调查处理应当执行《铁路交通事故应急救援和调查处理条例》的是（　　　）。

    A. 因质量事故造成人员伤亡并导致公路行车中断

    B. 因质量事故造成人员伤亡未导致公路行车中断

    C. 因质量事故造成人员伤亡并导致铁路行车中断

    D. 因质量事故造成人员伤亡未导致铁路行车中断

2. 铁路建设工程质量事故实行逐级报告制度。下列事故类别中，应逐级上报地区铁路监督管理局的是（　　　）。

    A. 特别重大事故   B. 重大事故

    C. 较大事故   D. 一般事故

3. 发生铁路建设工程质量事故，建设、施工、监理单位应在事故发生后（　　　）小时内，向地区铁路监督管理局报告。

    A. 12   B. 24

    C. 36   D. 48

4. 当承包单位将承包的工程转包并造成铁路建设工程质量一般事故时，应对施工单位处以工程合同价款（　　　）的罚款。

    A. 0.5%   B. 0.5% 以上 0.7% 以下

    C. 0.7% 以上 1.0% 以下   D. 1.0%

5. 在铁路建设活动中建造师、监理工程师等注册执业人员因过错造成重大质量事故时，其受到的处罚是（　　　）。

    A. 一年内不得在铁路建设市场执业   B. 三年内不得在铁路建设市场执业

    C. 五年内不得在铁路建设市场执业   D. 国家有关部门吊销执业资格

1. 下列选项中关于施工单位质量管理责任和义务说法正确的有（　　　）。

    A. 施工单位不得超越本单位资质许可的业务范围承揽铁路建设工程

    B. 实行总承包的，总承包单位应当对全部建设工程质量负责

    C. 总承包单位依法将工程分包给其他单位的，分包单位对工程质量负责

    D. 以联合体形式承包的，联合体各方就承包工程质量承担连带责任

    E. 施工单位应当建立质量责任制，建立健全质量管理体系和管理制度

2. 铁路建设工程质量事故实行分级调查。下列关于质量事故调查说法错误的有（　　　）。

A．特别重大事故由国家铁路局组织调查

B．重大事故由国铁集团组织调查

C．较大事故由地区铁路监督管理局组织调查

D．一般事故由监理单位组织调查

E．必要时，铁路监管部门应当邀请地方人民政府的有关部门参加事故调查

3．下列选项中由地区铁路监督管理局依照《建设工程质量管理条例》第六十四条规定，责令改正的情形有（   ）。

A．施工单位在施工中偷工减料　　　B．施工单位使用不合格的建筑材料

C．施工单位不按施工技术标准施工　　D．施工单位未对建筑材料进行检验

E．施工单位未对涉及结构安全的试块取样检测

1C432050　铁路建设工程安全生产管理相关规定

复习要点

1．施工单位安全责任的规定

2．安全事故救援和报告的规定

3．铁路建设工程安全风险管理的规定

一　单项选择题

1．铁路建设项目实行施工（工程）总承包的，由（   ）对施工现场安全生产负总责。

A．总承包单位　　　　　　　　　　B．工程监理单位

C．总承包单位和工程监理单位　　　D．分包单位

2．组织制定本建设项目的安全事故综合应急救援预案，并定期组织演练是（   ）的责任。

A．安全监督检查单位　　　　　　　B．建设单位

C．施工单位　　　　　　　　　　　D．工程承包单位

3．铁路建设工程安全风险管理中规定，风险防范的主要责任单位是（   ）。

A．建设单位　　　　　　　　　　　B．勘察设计单位

C．监理单位　　　　　　　　　　　D．施工单位

二　多项选择题

1．根据铁路建设工程安全生产管理办法，必须接受安全培训，考试合格后方可任职

的人员包括（　　　）。

    A. 现场施工人员
    B. 施工单位主要负责人

    C. 项目经理
    D. 项目技术人员

    E. 专职安全人员

2. 施工单位使用承租的机械设备和施工机具及配件的，由（　　　）共同进行验收。验收合格方可使用。

    A. 施工总承包单位
    B. 分包单位

    C. 出租单位
    D. 运输单位

    E. 安装单位

1C432060　铁路营业线施工安全管理相关规定

复习要点

1. 营业线天窗和慢行的规定
2. 营业线施工等级的划分
3. 营业线施工方案审核程序
4. 营业线工程验收交接的规定
5. 营业线施工安全管理责任的规定

一　单项选择题

1. 在营业线上进行技改工程、线路大中修及大型机械作业时，施工天窗时间不应少于（　　　）。

    A. 60min
    B. 70min

    C. 90min
    D. 180min

2. 下列属于营业线 I 级施工的是（　　　）。

    A. 繁忙干线封锁线路 3h 以上

    B. 干线封锁线路 4h 以上

    C. 影响信联闭设备 4h 以上的施工

    D. 干线封锁 2h 及以上的大型上跨铁路结构物施工

3. 对涉及既有线的施工，施工单位至少在正式施工（　　　）h 前向设备管理单位提出施工计划、施工地点及影响范围。

    A. 12
    B. 24

    C. 48
    D. 72

4. 营业线施工应根据工程规模和专业性质，对安全监督检查人员进行培训，并对合格人员发培训合格证的部门是（　　）。

    A．建设单位安全管理部门　　　　　B．设备管理部门

    C．监理单位安全管理部门　　　　　D．行车组织部门

 二　多项选择题

1．邻近营业线施工分为三类，下列属于 A 类的是（　　）。

    A．吊装作业时侵入电气化铁路接触网杆外侧 2m 范围

    B．吊装作业时侵入非电气化铁路信号机立柱外侧 1m 范围

    C．吊装作业时侵入非电气化铁路信号机立柱外侧 2m 范围

    D．开挖路基、路基注浆、基桩施工等影响既有路基稳定的施工

    E．需要对邻近的营业线进行限速的施工

2．下列属于营业线施工安全协议基本内容的是（　　）。

    A．工程概况　　　　　　　　　　　B．施工责任地段和期限

    C．双方安全责任、权利和义务　　　D．施工组织设计

    E．违约责任和经济赔偿办法

3．对于营业线 I、II 级施工的施工方案设计，除包括施工项目名称、作业内容、地点和时间、施工等级（预定）、影响范围、施工方案、验收安排、应急预案外，还应包括（　　）。

    A．封锁慢行计划图　　　　　　　　B．施工方案示意图

    C．接触网停电范围示意图　　　　　D．施工作业流程计划图

    E．安全关键卡控表

1C432070　铁路建设工程质量安全监管相关规定

复习要点

1．铁路建设工程质量安全监督管理的规定

2．铁路建设工程质量安全监督内容的规定

3．铁路建设工程质量安全监督检查的规定

4．铁路建设工程质量安全事故处理的规定

一　单项选择题

1．铁路工程质量事故由地区铁路监督管理局组织调查或者委托建设单位调查的事故

等级是（   ）。

    A. 特别重大事故   B. 重大事故

    C. 较大事故   D. 一般事故

1C432080　铁路建设项目施工作业指导书编制相关规定

复习要点

1. 施工作业指导书编制依据的规定
2. 施工作业指导书编制内容的规定

一　多项选择题

1. 下列可作为施工作业指导书主要编制依据的有（   ）。

    A. 国家、行业和国铁集团有关设计、施工和验收标准

    B. 经审核合格的施工图设计文件

    C. 工程施工合同

    D. 国家级工法和成熟的施工工艺

    E. 指导性施工组织设计

1C432090　铁路建设项目物资设备管理相关规定

复习要点

1. 甲供物资设备管理的规定
2. 自购物资设备管理的规定

一　单项选择题

1. 铁路建设物资实行分类管理，分为甲供物资和自购物资两类。下列属于自购物资的是（   ）。

    A. 国铁集团采购的物资

    B. 国铁集团组织建设单位联合采购的物资

C. 建设单位自行采购的物资

D. 施工单位采购的物资

2. 铁路甲供物资达到国家规定依法必须招标规模标准的，须采用公开招标方式，由建设单位作为招标人依法进行招标采购，评标办法采用（　　）。

A. 综合评价法　　　　　　　　　　B. 技术评分合理标价法

C. 经评审的最低投标价法　　　　　D. 固定标价评分法

3. 铁路甲供物资招标，建设单位应依法组建评标委员会，评标委员会成员人数为（　　）人以上单数，其中技术、经济等方面的专家不得少于成员总数的四分之三。

A. 3　　　　　　　　　　　　　　　B. 5

C. 7　　　　　　　　　　　　　　　D. 9

二 多项选择题

1. 中国国家铁路集团有限公司物资管理部是建设物资采购供应工作的归口管理部门，下列属于其主要职责的有（　　）。

A. 指导、监督建设物资的采购供应工作

B. 发布、调整甲供物资目录

C. 执行建设物资采购供应工作的相关管理制度

D. 负责利用国外贷款的建设物资的采购工作

E. 负责建设单位管理甲供物资的招标计划审批工作

1C432100　铁路工程建设市场信用体系建设相关规定

复习要点

1. 施工企业信用评价组织管理的规定

2. 施工企业信用评价日常检查的规定

3. 施工企业信用评价不良行为的规定

4. 施工企业信用评价加分和扣分的规定

5. 施工企业信用评价排序的规定

6. 施工企业信用评价信息管理的规定

7. 施工企业信用评价评价管理的规定

1. 负责铁路项目施工企业信用评价结果汇总、公示及公布工作的单位是（   ）。

    A. 国铁集团工程监督总站   B. 国铁集团建设管理部

    C. 国铁集团安全监督管理局   D. 国铁集团区域监督站

2. 铁路建设项目信用评价得分是指从项目基础分中减去项目不良行为扣分，加上标准化绩效管理考评得分后得出的分数。项目基础分和标准化管理绩效考评最高得分分别是（   ）。

    A. 95 分和 5 分   B. 190 分和 10 分

    C. 290 分和 10 分   D. 380 分和 20 分

3. 铁路工程施工考核总费用计算基数为施工合同额，采取累进递减法确定。合同额在 50 亿元（含）以下的，为合同额的（   ）。

    A. 3‰   B. 4‰

    C. 5‰   D. 6‰

4. 铁路工程施工考核扣减费用应纳入（   ）。

    A. 项目管理费   B. 安全生产费

    C. 总承包风险费   D. 项目招标节余

1. 下列属于铁路项目信誉评价一般不良行为认定标准的有（   ）。

    A. 隐蔽工程未经检验合格而进入下一道工序的

    B. 未编制安全专项方案或未经评审的

    C. 不按规定使用和保管爆破器材的

    D. 特种作业人员无证上岗作业的

    E. 使用未经检验原材料、构配件的

1C432110 铁路工程严禁违法分包及转包相关规定

复习要点

1. 铁路工程严禁违法分包的规定
2. 铁路工程严禁转包的规定

1. 铁路工程实行施工总承包时，总承包企业可以将（　　）分包给专业承包企业。

　　A. 全部承包工程　　　　　　　　B. 承包工程部分专业工程

　　C. 承包工程全部专业工程　　　　D. 重点控制工程

　　E. 关键工程

2. 铁路工程发生下列（　　）行为时，属于违法分包工程。

　　A. 将专业工程分包给不具备相应资质条件的分承包企业

　　B. 将重点控制工程的施工分包给他人，但劳务作业除外

　　C. 合同中没有约定又未经建设单位认可将工程专业分包

　　D. 将非控制性工程分包给具有相应资质的劳务承包企业

　　E. 具有资质的劳务分包企业将其承包的分包工程再分包

1C432120　铁路建设项目变更设计管理相关规定

复习要点

1. 变更设计分类的规定
2. Ⅰ类变更设计程序的规定
3. Ⅱ类变更设计程序的规定
4. 变更设计费用的规定
5. 变更设计管理的规定
6. 责任追究的规定

一 单项选择题

1. 变更设计必须坚持（　　）原则，严格依法按程序进行变更设计，严禁违规进行变更设计。

　　A. "先批准、后实施，先设计、后施工"

　　B. "先批准、后设计，先审核、后施工"

　　C. "先批准、后实施，先设计、后审核"

　　D. "先批准、后审核，先设计、后施工"

2. Ⅰ类变更设计文件一般应在会审纪要下发后（　　）日内完成，特殊情况下Ⅰ类变更设计文件完成时间由建设单位商勘察设计单位确定。

A. 20   B. 25

C. 30   D. 35

3. Ⅱ类变更设计程序首先需提出变更设计建议、施工图审核合格并交付使用后需进行Ⅱ类变更设计的，由（   ）提出变更设计建议，填写《变更设计建议书》。

A. 建设、施工单位等联合

B. 建设、施工及监理等联合

C. 施工、监理以及勘察设计单位等联合

D. 建设、施工、监理以及勘察设计单位等均可

4. Ⅱ类变更设计中，建设单位组织勘察设计单位按确定的变更设计方案编制施工图。勘察设计单位一般应在《变更设计会审纪要》下发后（   ）日内完成施工图。

A. 7   B. 10

C. 14   D. 15

5. 铁路工程变更设计中，（   ）应对Ⅰ类变更设计文件进行初审。

A. 承包单位   B. 监理单位

C. 咨询单位   D. 建设单位

二 多项选择题

1. 对初步设计审批内容进行变更且符合下列条件之一者为Ⅰ类变更设计，以下属于Ⅰ类变更设计条件的有（   ）。

A. 变更批准的建设规模、主要技术标准、重大方案、重大工程措施

B. 变更初步设计批复主要专业设计原则的

C. 调整初步设计批准总工期及节点工期的

D. 建设项目投资超出初步设计批准总概算的

E. 国家相关规范、规定重大调整的

2. 编制变更设计文件的内容包括（   ）。

A. 勘察设计单位应严格按照国铁集团相关规定和《变更设计会审纪要》以及确定的安全应急方案编制变更设计文件

B. Ⅰ类变更设计文件应包括变更设计原因、变更设计方案及工程数量和概（预）算

C. 原设计方案及工程数量和概算，有关原设计文件和变更设计图纸，经济技术比较资料和分析说明

D. Ⅰ类变更设计的设计深度为施工图设计深度

E. 工点按详细施工图设计阶段的重点桥渡、重点隧道等设计要求进行设计

3. 变更设计费用的规定以下叙述正确的有（   ）。

A. Ⅰ类变更设计概算由勘察设计单位按初步设计批复的概算编制原则编制，并对工程数量和费用进行增减对照

B. 非责任原因的变更设计，属于不可抗力的，按合同约定处理；属于风险包干范围的，按风险包干相关规定处理；其他变更设计增减工程费用，除相关规定外，由承包单位承担，相关事宜在合同中明确

C. Ⅱ类变更设计单独计取勘察设计费

D. 对变更设计中节约投资的单位及个人，按照国家和国铁集团相关规定予以奖励

E. 变更设计履行审批程序后，其费用即可纳入项目概算

4. 施工单位在变更设计管理中，以下说法正确的有（　　　）。

A. 应做好施工图现场核对和施工过程中地质资料确认工作，发现问题应及时向监理人员和建设单位提出

B. 积极参与变更设计方案研究，严格按照变更设计文件施工图组织施工

C. 不得在变更设计过程中弄虚作假或未经批准擅自施工

D. 建立变更设计管理台账，定期分析研究，查找存在问题

E. 改进勘察设计管理，做好变更设计资料归档工作

5. 变更设计归档资料包括（　　　）。

A. 变更意向书　　　　　　　　B. 变更设计建议书

C. 现场确认意见和影像资料　　D. 变更设计会审纪要

E. 变更设计文件

1C432130　铁路建设项目验工计价相关规定

复习要点

1. 验工计价依据的规定
2. 验工计价方法的规定

一　单项选择题

1. 铁路建设项目总承包风险费根据合同约定的内容和范围据实验工，其计价原则是（　　　）。

A. 月度据实计价、最终总额包干

B. 月度比例控制、最终总额包干

C. 季度据实计价、最终总额包干

D. 季度比例控制、最终总额包干

2. 对未纳入施工承包合同的甲供物资应当按照已完合格工程对应章节消耗数量和采

购单价进行计价，其计价办理单位是（　　　）。

  A．建设单位   B．设计单位

  C．监理单位   D．施工单位

 多项选择题

1．铁路工程验工计价依据包括（　　　）。

  A．工程承包合同及其他有关合同、协议

  B．批准的单位工程开工报告

  C．指导性施工组织设计

  D．建设单位下达的投资及实物工作量计划

  E．初步设计施工图纸

2．按铁路项目总承包合同约定属建设单位承担的费用，需另行签订补充合同。下列项目中属于需要另行签订补充合同的有（　　　）。

  A．Ⅰ类变更设计   B．施工方案优化

  C．限额以上的Ⅱ类变更设计 D．大临费用增加

  E．材料设备价差

参考答案

【1C432010　参考答案】

 一、单项选择题

1．D； 2．A

 二、多项选择题

1．A、C、D； 2．A、B、D、E； 3．A、C、D、E

【1C432020　参考答案】

 一、单项选择题

1．B； 2．C； 3．D； 4．A； 5．D

 二、多项选择题

1．A、B、C、D； 2．A、B、D、E； 3．A、B、D；   4．A、B、C、E；

5．A、B、C、D

【1C432030 参考答案】

一、单项选择题

1．B

二、多项选择题

1．A、B、C、E；   2．A、B、D、E；

【1C432040 参考答案】

一、单项选择题

1．C；   2．D；   3．B；   4．B；   5．C

二、多项选择题

1．A、B、D、E；   2．A、B、D；   3．A、B、C

【1C432050 参考答案】

一、单项选择题

1．A；   2．B；   3．B

二、多项选择题

1．B、C、E；   2．A、B、C、E

【1C432060 参考答案】

一、单项选择题

1．D；   2．D；   3．D；   4．B

二、多项选择题

1．A、B、D、E；   2．A、B、C、E；   3．B、D、E

【1C432070 参考答案】

一、单项选择题

1．D

【1C432080 参考答案】

一、多项选择题

1．A、B、C、D

【1C432090 参考答案】

一、单项选择题

1．D；   2．C；   3．B

二、多项选择题

1．A、B、D

【1C432100　参考答案】

一、单项选择题

1．B；　　2．C；　　3．C；　　4．D

二、多项选择题

1．A、B、D

【1C432110　参考答案】

一、多项选择题

1．B、C；　　　　2．A、B、C、E

【1C432120　参考答案】

一、单项选择题

1．A；　　2．C；　　3．D；　　4．B；　　5．D

二、多项选择题

1．A、B、D、E；　2．A、B、C；　　　3．A、D；　　　　4．A、B、C；

5．B、C、D、E

【1C432130　参考答案】

一、单项选择题

1．D；　　2．A

二、多项选择题

1．A、B、D；　　2．A、C、E

实务操作和案例分析题

【案例1】

一大型铁路工程招标要求投标企业具有铁路施工总承包特级资质，某具有铁路施工总承包一级资质施工企业（代号 X）借用具有投标资格的 A 集团公司之名参与投标，并联合参与投标的 B、C、D 集团公司统一报价后 A 集团公司中标，X 企业自行组织项目部进场施工并向 A 集团公司支付了一笔费用。同时暗地里将 75% 的工程分为三个整段分别分包给 B、C、D 集团公司。

问题：

1. 在这次投标中 A 集团公司有什么违规行为？应作什么处罚？
2. 在这次投标中 X 企业有什么违规行为？应作什么处罚？
3. 在这次投标中 B、C、D 集团公司有什么错误行为？如何定性？
4. 中标后 A 集团公司有什么违规行为？应作什么处罚？
5. 中标后 X 企业有什么违规行为？应作什么处罚？

【案例2】

施工单位 A 承包了一段某繁忙干线铁路改造工程，内容有桥涵顶进、路基帮宽和轨枕更换等。工程开工后，该施工单位便把其中（12 + 16 + 12）m 的桥涵顶进工程的施工任务分包给一家具有专业承包资质的 B 施工单位施工。顶进施工过程中，线路发生坍塌，造成繁忙干线客运列车脱轨 19 辆，并中断铁路行车 52h。

问题：

1. 施工单位 A 将桥涵顶进工程分包给施工单位 B 是否合法？为什么？
2. 根据《铁路交通事故应急救援和调查处理条例相关规定》的等级划分，其属于哪类事故？谁负责调查此次事故？
3. 应采取哪些技术措施以保证营业线上桥涵顶进施工的安全？
4. 在桥涵顶进施工安全事故应急救援预案中，针对掌子面前方发生坍塌如何处理？

【案例3】

某施工单位承建某铁路软土路基工程，采用浆喷搅拌桩施工。路基为改良细粒土填筑。施工中过程发生了以下事件：

事件1：全面施工前根据地质情况和室内配合比，分段进行了成桩工艺试验，经取芯和承载力等检验，确定了加固材料掺入比、钻进速度、喷气压力和喷搅次数4项工艺参数。工艺参数及成桩检验成果由项目总工程师确认。

事件2：在施工中，质检工程师取芯检验发现质量问题，少数桩体的抗压强度不足。

事件3：基床以下路堤填筑按"三阶段、四区段、八流程"的工艺组织施工。碾压时，分层最大压实厚度为50cm，最小分层厚度为10cm。各区段交接处重叠压实，纵向搭接长度为1.5m，沿线路纵向行与行之间压实重叠为40cm，上下两层填筑接头应错开为2m。

问题：

1. 针对事件1，指出其错误并给出正确做法。

2. 针对事件2，分析发生质量问题的可能原因并给出处理措施。

3. 针对事件3，指出路基碾压工艺的错误之处并给予改正。

【案例4】

某段新建铁路路基工程，主要施工内容为深路堑开挖和软土路堤填筑。其中路堑段长度为200m，开挖深度为20m，设计分三级边坡防护，主要地质为黏土和强风化、中风化泥岩，主要工作内容为土石方开挖和边坡防护；路堤所经水塘地段设计采用抛石挤淤处理，基床表层采用级配碎石填筑，工艺流程如下图所示。

施工中发生以下事件：

事件1：抛石挤淤施工前，施工单位制定了片石抛填施工方案：拟投入的主要机械设备有自卸汽车、装载机、推土机和挖掘机；石料选用强度坚硬、不易风化的片石，片石尺寸不宜小于25cm，在石料供应困难期间，允许有20%以下的较小片石，但块径不得小于15cm；片石抛填顺序为自两侧向中部抛填，有横坡时自低侧向高侧抛填。

事件2：施工单位在旱季施工该段路堑，并在施工前做好了截、排水系统。由于雨水较少，路堑开挖后边坡较稳，土石方开挖自上而下分层进行，土石方全部开挖完成后自下而上逐级进行了边坡防护施工。

事件 3：施工单位在进行路堤填筑碾压施工时，碾压顺序为先中间后两侧，各区段交接处均重叠压实，上下两层填筑接头错开 2.5m，纵向搭接压实长度为 2.0m。监理工程师发现后要求整改。

问题：

1. 指出图中 A 所代表的区段名称和 B 所代表的工艺名称。

2. 针对事件 1 中施工方案的不合理之处，给出正确做法。

3. 针对事件 2 中做法的不妥之处，给出正确做法。

4. 针对事件 3，应如何整改？

【案例 5】

一新建双线铁路，设计行车时速 160km，其中某段路基 8.5km，设计填挖平衡，大部分填筑高度 3~5m，挖方段坡度不大，山体除表层外，部分为中风化砂岩，部分弱风化，沿线两侧有少量村庄，无重要建筑物，最大挖深 12m。填筑区有两段各长 500m 的软弱地基，软弱层厚最大处为 2m，其余为种植土。

问题：

1. 该段路基地基处理需要采取哪些措施？

2. 简述该段路基工程的施工技术方案。

3. 简述该段挖方安全施工的控制重点。

4. 简述该段路基施工质量的控制重点。

【案例 6】

背景同【案例 5】，其中挖方路堑在中间，两边为填筑路堤并设有涵洞 2 座。

问题：

1. 本案例路基填筑需要哪些施工机械？

2. 涵洞处的路基填筑方法要点有哪些？

3. 本案例路基施工作业有哪几种组织形式？

4. 简述路基填筑的主要施工步骤？

5. 简述路堑挖方的主要施工步骤？

【案例 7】

某新建双线铁路的一段软土地基，初步设计有两种处理措施，一种是插打塑料排水芯带，一种是浆喷搅拌桩。

问题：

1. 简述浆喷搅拌桩的作用原理以及施工步骤。

2. 如果浆喷搅拌桩施工中，取芯发现少数桩体的无侧限抗压强度不足，请分析发生质量问题的原因可能在哪几方面？

3. 质量问题出现后应采取什么措施来解决？

【案例 8】

背景同【案例 7】，如果塑料排水板处理后，路基填筑时发生坡脚隆起。

问题：

1. 简述塑料排水板的作用原理以及施工步骤？
2. 请分析发生质量问题的原因可能在哪几方面？
3. 质量问题出现后，应采取什么措施来解决？

【案例 9】

某施工单位中标一座铁路大桥（施工范围不含图中阴影部分），该桥跨越某三级通航河流，主跨为下承式钢梁，架桥机运梁车均可以在上面行使。边跨为 32m 简支 T 形梁，要求现场制梁，采用公铁两用架桥机架梁，工期要求 20 个月，孔跨布置详见下图。

某铁路特大桥纵断面缩图

问题：

1. 简述主跨钢梁的施工技术方案。
2. 简述边跨梁部工程施工步骤及投入的主要机械（除公铁两用架桥机外）。
3. 简述 T 形梁预制的质量控制重点。
4. 该特大桥控制工期的部位和分部工程是哪些？

【案例 10】

背景同【案例 9】。

问题：

1. 请划分施工单元，配置施工队伍。
2. 用框图表示全桥的施工顺序。
3. 简述主跨的安全施工风险源。
4. 简述主跨安全作业预防措施要点。

【案例 11】

某铁路复线工程两个车站之间的示意图如下，业主要求下行方向先开通。

新建线 ———————— 营业线

问题：

1. 简述区间轨道拨接有哪些施工工序。

2. 图示并说明拨接龙口处的施工步骤。

【案例12】

某单线铁路车站（如下图所示），在复线施工中需要站台抬高10cm，原先的两股到发线有效长度为850m，新增的到发线有效长度为1050m。

———————— 新铺线路 ———————— 既有线路

问题：

1. 简述车站施工过渡方案。

2. 简述全部单号道岔铺设方案和作业内容。

3. 简述临时要点封锁施工程序。

【案例13】

某新建单线铁路工程设计行车速度160km/h，全长189km，其中简支T形梁有360孔，设计为跨区间无缝线路，站线铺轨28km，沿线有十多家石料场，其中铺轨与制架梁由某一个集团公司总承包。接轨站位于繁忙铁路干线上，站内有大量平地。

问题：

1. 应该选择什么样的铺架方案？说明原因。

2. 建设单位要求 7 个月内完成铺架，请确定有关施工进度。

3. 铺轨后建设单位要求铺设跨区间无缝线路，请简述无缝线路施工方案与施工步骤。

4. 简述该工程铺架施工应投入的主要机械设备。

【案例 14】

某段铁路增建二线工程全长 32km，位于平原地区，主要工程内容为增建二线路基填筑，框构桥接长和圆涵接长，两座 1－8m 下穿公路的顶进桥，以及铺轨整道工程。沿铁路有一条并行的国道，间距在 300～500m 范围内。工地 100km 范围内无道砟场，两处大型铁路道砟场距工地中心 140km，可以就近挖塘取土，车站位于管区中间。

问题：

1. 选择适宜的轨道工程施工方案，并回答原因。

2. 简述人工铺轨主要施工步骤。

3. 说出主要的轨道施工机具名称。

【案例 15】

背景同【案例 14】。

问题：

1. 简述该段路基工程的主要步骤。

2. 简述路基施工的质量控制重点。

3. 简述 1－8m 公路立交桥主要施工步骤。

4. 简述顶进桥的安全控制重点。

【案例 16】

某单线铁路隧道要求工期 36 个月，全长 7.5km，只有进出口有进洞条件，隧道中间高洞口低，出口洞口段有 20m 长的坡积层，厚度较厚；进口段为风化岩有部分节理判定为Ⅲ级围岩，进洞施工时为旱季。

问题：

1. 该隧道进洞应采取什么措施？简述其施工步骤。

2. 隧道应采用何种施工方案？决定施工方案的主要因素是什么？

3. 请简述该隧道洞身段的主要施工步骤。

4. 列表叙述本隧道主要施工安全控制重点。

【案例 17】

背景同【案例 16】。进口段有一段 60m 富水断层破碎带。出口段有一段石灰岩地质，可能有溶洞。进口段施工时，已做好初期支护的断层破碎带发生坍塌，掌子面与洞口被隔断，有 4 名工人没有及时撤离被堵在洞内，身体没有受伤。

问题：

1. 简述安全穿越富水断层带的主要措施。

2. 出口段石灰岩地质施工前后要做哪些防范措施？

3. 应采取哪些救人措施？

【案例 18】

某高速铁路土建工程第三合同段，平面示意图如下：

除 3 号特大桥主跨为 1—96m 提篮拱桥（架桥机可运梁通过）外，其余均为 32m 预应力混凝土简支箱梁。箱梁设计为双线整孔箱梁，约重 900t，采用 1 台架桥机架梁。竹岭隧道均为 Ⅱ、Ⅲ 级围岩，隧道中间有开辟斜井的条件。该项目总工期为 3 年，要求开工 1.5 年后开始架梁。

问题：

1. 竹岭隧道应采用几个作业面同时掘进？为什么？

2. 若布置一个梁场，梁场应在何处选择？为什么？

3. 在主跨工期不影响架梁的前提下，说明架梁顺序。

【案例 19】

背景同【案例 18】。

问题：

1. 该项目由三个工程公司参加，请划分施工工区和施工任务。（三个工程公司都具有制架箱梁和隧道施工能力）

2. 该项目根据新的要求，需要统一制架梁，由新组建的桥梁公司承担箱梁制架任务。其余工程由一个隧道公司担负施工，请重新划分施工工区和施工任务。

3. 如何决定该合同段总工期的控制性分部工程？

4. 由于征地拆迁延误工期半年，业主要求竣工时间不变，应如何调整总体施工方案？

【案例 20】

某增建二线铁路二标段站前工程起讫点里程为 DK40＋000～DK110＋000，详见线路平面示意图。沿线的既有车站中，车站 D 需关闭，车站 A、车站 B 和车站 C 均需要改造。本标段主要工程为：路基和站场土石方 50 万 m³，无特殊路基；单线桥梁 2 座，均为预制架设 32m 简支 T 形梁，旱桥，无高墩；轨道结构全线采用有砟轨道，新建线路铺设无缝线路，既有线路为无缝线路。本标段总工期 24 个月。

在车站 B 处设置一个铺架基地和 T 形梁预制场。T 形梁采用铁路架桥机架梁，无缝线路采用换铺法铺设轨道。铺架施工中不得中断运营列车的通行。

铺架基地内设置的生产区有：长钢轨存放区，轨枕存放区，制梁区，主材、地材等各种原材料存放区，混凝土生产区。

线路平面示意图

问题：

1. 根据背景资料，指出除车站 B 外还有哪些车站可以作为铺架运输设备的临时停放点。并说明理由。

2. 根据背景资料，指出本标段有哪些控制性工程。

3. 根据背景资料，补充铺架基地内缺少的主要生产区。

【案例 21】

某铁路营业线为双线，由于铁路提速要求需对某段进行落道，落道高度为 70cm。该铁路线上方跨越一座公路高架桥，铁路双线两侧净距 4.5m。该线路为繁忙干线，每昼夜通过列车 46 对。根据铁路运营部门规定，对该段单线铁路封锁施工时间最长为 48h。现有三种施工方案：第一种，直接用人工和简易施工机具将轨道抬起，掏走一些道砟和路基的土；第二种，建一临时便线供列车绕行，封闭该段后集中作业；第三种，上下道分别封闭，采用机械方式，落道后一次换铺钢轨。

问题：

1. 应选择哪一种施工方案？为什么？

2. 针对最优方案的具体施工步骤是什么？

3. 施工前，施工单位应做好哪些准备工作？施工后开通前还要做哪些工作？

【案例 22】

施工企业 A 公司承包某铁路建设工程路基、桥涵施工任务。在某段路基有软土地基需要处理，工程开工后，该施工企业没有经过业主同意直接将塑料排水板和粉体喷射搅拌桩处理软基的施工任务分包给一具备资格的专业承包单位 B 公司。在施工过程中，专业承包商没有等到正式下达施工图纸，只是通过到设计单位了解设计意图和大致工程内容便开始施工。等到施工图出来后发现施工与设计不符，出现施工质量问题，需要返工，影响了工期。

问题：

1. 该工程中软土地基分包是否正确？为什么？

2. 在本工程中返工的损失责任如何确定？会出现哪些主体间的索赔关系？

3. 保证软基处理工程工期的施工措施是什么？

【案例 23】

某工程公司承建南方某地区铁路桥梁工程。该桥由 5×32m 混凝土简支箱梁组成。箱梁浇筑采用支架法施工，施工期安排在 6 月至 9 月。施工中发生以下事件：

事件 1：项目经理部按铁路建设单位有关规定，组建架子队进行施工。劳务人员由其他项目（路基、隧道、桥梁下部工程）退场人员组成。劳务人员进场后，项目经理部技术人员组织劳务骨干人员开会，对技术、质量标准和要求进行了口头交底，然后安排劳务人员进行项目施工。

事件 2：该桥梁一侧桥台基础施工过程中，发现施工图纸中该桥台胸墙结构尺寸标注错误，如继续按照施工图尺寸施工可能导致将来架梁时跨距不足。由于工期紧张，施工单位自行将桥台胸墙边缘位置调整，然后上报驻地监理工程师。

事件 3：为保证混凝土质量，混凝土采用集中拌和，按要求掺入粉煤灰和外加剂。施工中，水泥采用硅酸盐水泥，实测混凝土坍落度范围为 14～18cm，箱梁浇筑后采取洒水养护措施。在拆模后，经检查发现腹板表面存在裂纹。

问题：

1. 针对背景资料，给出该箱梁施工质量控制要点。

2. 针对事件 1，指出该项目在质量管理方面的不妥之处，并给出整改措施。

3. 针对事件 2，施工单位自行调整胸墙边缘位置的管理工作程序是否正确？如不正确，应如何处理。

4. 针对事件 3，指出造成梁体混凝土质量缺陷的原因，并给出避免质量缺陷的正确做法。

【案例 24】

某铁路桥梁工程构造如下：桥墩基础采用直径为 1.5m，桩长 25～30m 的钻孔桩，低桩承台；桥梁下部结构为一般墩台。地质条件如下：原地面往下依次为黏土、砂性土。其中靠岸桥墩桩基中有 6 个桩孔没有地下水。施工前和施工过程中存在以下情况：

（1）承包人配置的桩基成孔设备有冲击钻和正循环钻机。拟将靠岸桥墩桩基的 6 个无地下水的桩基成孔任务分包给某包工队，采用人工挖孔方式。

（2）采用竖向导管灌注某桩水下混凝土过程中，由于突降大雨，施工人员为避雨对该桩稍作防雨处理后即离开，灌注混凝土时间中断约 1 小时，雨停后继续灌注施工。另外，为控制施工成本，工程部规定灌注标高应与桩顶设计标高相同，不得超出。

（3）在钻孔过程中，发现某桩孔在设计桩底位置有一岩溶孔洞（与设计图纸中的土质勘测资料不符）。该桥的工程技术主管指示现场施工员应继续钻孔至岩溶孔洞洞底，将孔洞中桩周围的空洞用砂黏土填充，最后的实际桩长超过设计桩长 10m。

（4）该桥梁一侧桥台基础施工过程中，发现在施工图纸中该桥台胸墙结构尺寸标注错误，如继续照图施工可能导致将来吊装此边孔梁时位置不足。由于工期紧张，施工单位自行将桥台胸墙边缘位置调整，然后上报驻地监理工程师。

（5）施工中所用水泥和钢材由建设单位组织供应，项目部管理人员认为可以放心使用，不必再按批次进行进场质量检验。驻地监理工程师在抽检某批水泥时发现该批水泥安定性指标不合格。项目经理说：实在不行，可将该批水泥降级使用。

问题：

1. 应采用何种成孔设备？并说明理由。

2. 针对本工程，人工挖孔桩应采取的安全措施有哪些？

3. 灌注桩基水下混凝土施工方法是否正确？如不正确，请指出。

4. 对于背景情况 3 中所提到的钻孔遇到岩溶孔洞的处理方案和管理工作程序是否正确？为什么？

5. 施工单位自行调整胸墙边缘位置的管理工作程序是否正确？如不正确，应如何处理。

6. 对于建设单位组织供应的材料，可否省去按批次进行质量复验的程序？为什么？安定性指标不合格的水泥能否在工地降级使用？

7. 对该桥梁基础混凝土中各工序应如何进行施工质量控制？对于该桥中桥梁基础混凝土中每个检验批应如何通过质量验收？

【案例 25】

工程背景同【案例 18】。若本标段共有 32m 简支预应力双线箱梁 420 孔。用 1 套 900t 架桥机架设箱梁平均进度指标 2 孔/d，箱梁台座上从支模到移梁 5d/孔，若箱梁终张后不小于 30d 方可架设。

问题：

1. 为使制梁进度与架设进度基本均衡，应设置几个制梁台座？

2. 存梁台座应设多少个？

【案例 26】

某铁路路基路堑边坡防护采用浆砌片石挡土墙。施工中监理单位发现存在以下问题：挡墙后面路基边坡处存在有膨胀土；片石块偏小；缝隙处砂浆不饱满等情况。询问现场管理人员和施工人员，发现他们对图纸和设计情况不清楚。企业总部对项目部质量管理体系内审时发现质量计划中只有以下内容：编制依据、项目概况、质量目标、质量控制及管理组织协调的系统描述、更改和完善质量计划的程序。

问题：

1. 路堑挡护工程有何质量问题？

2. 施工单位质量管理有何问题？

3. 质量计划是否完整？如不完整，还缺少哪些内容？

【案例27】

1. 某新建单线铁路的控制性工程是大山隧道，长4680m，围岩级别是Ⅲ、Ⅳ、Ⅴ级，设置1座横洞。

2. 根据施工组织设计要求：施工准备2个月，进口段1个月，出口段3个月，横洞4个月。隧道围岩分布如下图所示。

围岩长度(m)	600	1800	480	1440	360
围岩级别	Ⅴ	Ⅳ	Ⅲ	Ⅳ	Ⅴ

3. 根据施工组织设计要求横洞进行两个作业面施工。隧道按设计超前地质预报纳入工序，Ⅴ级围岩设置小导管超前支护，其他为锚喷支护。Ⅲ级围岩采用全断面开挖，Ⅳ级围岩采用台阶法，Ⅴ级围岩采用中隔壁法（CD法）开挖。

4. 根据本企业施工工艺水平，对各种围岩的循环进尺、循环作业时间及环境和经验修正系数如下表所示。假定按三班制组织施工，每月作业时间30d。

隧道掘进进度指标计算表

名称	围岩类别		
	Ⅲ	Ⅳ	Ⅴ
循环进尺（m）	4	2.5	1.3
循环作业时间（min）	918	765	796
环境、经验修正系数 K	0.85	0.85	0.85

5. 在施工过程中，进口工作面和横洞向小里程工作面开挖过程中，在接近贯通时，两端工作面为迎接2天后的隧道贯通庆典，加紧施工，在双方距离6m时，进口工作面爆破时，导致横洞向小里程掘进工作面拱部石头塌落，砸死2人。经调查此爆破工没有爆破操作合格证却执行了爆破作业。

问题：

1. 简述Ⅴ级围岩采用中隔壁法的基本步骤。

2. 针对背景5中提到的安全事故，施工组织有何错误之处？

3. 计算该隧道各级围岩的掘进进度指标。

4. 计算该隧道掘进工期（含施工准备时间，考虑两工作面相向开挖施工临近贯通点应由单工作面开挖对工期的影响）。

5. 画出该隧道的施工形象进度示意图（时间—里程图）。

【案例 28】

A 施工单位承建某新建单线铁路工程中有 1 座隧道工程长 2600m，其余路段为路基土石方。根据设计图纸，正洞中围岩的绝大部分是 Ⅱ 级围岩，局部有节理较发育的 Ⅲ 级围岩，进口处 50m 为埋深较深且比较破碎的 Ⅴ 级围岩，拟采用小断面弱爆破暗挖法，并辅助进行超前支护。出口处 40m 埋深较浅且极易破碎的 Ⅵ 级围岩，拟采用明挖法，修筑一段明洞。正洞开挖施工拟采用全断面钻爆法。在施工前及施工中有以下情况：

1. 进口处的软弱围岩施工拟采用"管超前、严注浆、长进尺、勤量测、晚封闭、快衬砌"的工法。

2. 施工中选择的监控量测项目有洞内外观察、水平相对净空变化值和隧道底部隆起等项目。

3. 进洞支护方案采用喷射混凝土支护方法，正洞支护采用超前支护方法。出渣方案采用有轨运输方式。

4. 每一单口循环开挖进度为 2.80m，综合循环时间为 12.4h。假定按三班制组织施工，每月作业时间 30d，考虑工程环境和时间利用率后的修正系数 0.85。隧道除进出口外不具备作业面条件，进口处施工需 1 个月，出口段及明洞需 3 个月，施工准备 2 个月（不考虑两工作面相向施工临近贯通相距 8 循环进尺前一方要撤出对工期的影响）。

5. 工程实施过程中，施工单位 A 将隧道出口明挖段回填土工程外加与此连接的 1500m 路基土石方工程直接分包给某施工单位 B，并签订分包合同。工程铺轨前，监理单位组织路基检测时发现明挖段路基填方密实度不合格。

6. 在一次爆破中发生一起安全事故，轻伤 2 人。经调查此 2 人不是爆破工却执行了爆破作业。

问题：

1. 进口处软弱围岩的工法是否有不妥之处？若不妥，指出不妥之处，并改正。

2. 施工中选择的监控量测项目是否完整？如不完整，请补充。

3. 背景 3 中的施工方案是否正确？若不妥，请说明正确做法。

4. 由背景 4 数据计算：（1）单口月开挖进度；（2）如果该隧道开设两个工作面，计算该隧道工程的掘进工期（不考虑两工作面相向施工临近贯通点应由单工作面开挖对工期的影响）。

5. 对于填土质量问题，A 施工单位是否有责任？在工程质量方面，两单位有何关系？

6. 针对背景 6 中提到的安全事故，事故发生的原因是什么？对于爆破人员管理和爆破组织应注意哪些问题？

【案例 29】

某施工单位承包一铁路单线隧道工程长度 3km，岩体为 Ⅳ、Ⅴ 级围岩，采用正台阶钻爆法施工，开工后两个月，下台阶开挖 700m，上台阶开挖 490m，二次衬砌 200m。该隧道出口段通过一天然冲沟，山势险峻，围岩覆盖层最薄处仅 4m。在上台阶继续开挖过程中上拱部出现冒顶塌方事件，致使数名工人被困在洞内。

问题：

1. 隧道施工组织安排有何问题？

2. 通过冲沟地段应采取何种措施？

3. 抢救洞内施工人员应如何进行？

【案例30】

某集团公司施工总承包某新建铁路某标段工程。该工程设计标准时速160km/h，为有砟轨道的客货共线。工程内容包括路基、桥涵、隧道工程，不包括轨道、铺架、"四电"和站房工程。隧道为单线隧道。岐山1号隧道为Ⅲ级围岩，岐山2号隧道为Ⅳ级围岩。主要结构物位置及隧道中心里程如下图所示。

问题：

1. 根据背景资料，合理划分该标段工程的施工工区并给出施工范围。

2. 根据背景资料，合理配备顺河特大桥所在工区的施工队伍。

3. 根据背景资料，分别给出岐山1号、2号隧道的掘进方案。

4. 岐山2号隧道施工需要投入哪些主要机械设备？

5. 针对背景资料，给出岐山1号隧道施工流程。

【案例31】

某工程项目部承建一段地处北方的新建铁路工程（平面示意图如下图所示）。该工程标段总长28km，工程范围包括隧道一座、特大桥两座以及路基和少量小桥涵工程，合同工期16个月，年初开工。隧道设计施工方案是：进口单口掘进，出渣全部利用。特大桥设计施工方案是：2号桥利用1号桥钢模板。路基土石方调配方案是：以隧道为界两端各自填挖平衡。施工用电采用网电。施工进行到秋天，因征地原因导致控制性工程工期严重滞后，距铺轨到达标段起点只有6个月，而隧道和1号桥工程量仅完成35%，2号桥仅完成部分桥梁基础。

问题：

1. 对平面示意图进行必要的工区划分和线下施工队伍配备。（在答题卡中画出示意

图，然后作答）

2. 举例说明（各举两例）：哪些工程（或工序）可以平行施工？哪些可以顺序施工？哪些必须先后施工？

3. 为确保铺轨按期通过本标段，对重点工程施工组织应该如何调整？

【案例 32】

某铁路工程项目根据工程量的分布情况，并考虑到铺轨前路基及桥隧工程施工期限短的特点，分为两个工区（区段），里程划分为 DK0 ＋ 000～DK75 ＋ 293，DK75 ＋ 293～DK105 ＋ 000。其中第一工区划分为 3 个施工单元：DK14 ＋ 800 处一座特大桥；路基土石方；小桥涵群。第二工区划分为 5 个施工单元：DK92 ＋ 000～DK105 ＋ 000 段正、站线路基土方 $2.7 \times 10^5 m^3$；其余路基土石方；小桥涵；8 座大桥；2 座隧道。

问题：

1. 结合工程背景，本工程施工任务分解采用的方法是什么？

2. 针对本工程的不同施工对象，应采取的施工作业组织形式是什么？

3. 确定不同施工作业顺序的依据是什么？

4. 进度计划优化调整的方式有哪几种？工期优化的原理是什么？

5. 当编制初始网络计划后计算工期为 38 个月，而目标工期为 36 个月，一般运用什么样的优化方式？当优化后的网络计划计算工期已经在 36 个月以内，一般还要如何优化？

【案例 33】

某集团公司先后中标电气化铁路新线站前工程 6 标和站后工程 2 标。站前工程主要工作内容有：路基、桥涵、隧道、轨道工程以及相应的大临及配合辅助工程。站后工程主要工作内容有：电力、电力牵引供电、通信、信号工程。其中：

路基工程总长度 2.3km，挖方量 80 万 m^3，填方量 55 万 m^3。

桥梁 1 座 360m，上部结构为跨径 24m、32m 的简支箱梁，采用支架现浇。

隧道 1 座，长度为 2650m，施工图设计洞身围岩主要为弱风化花岗岩、石英砂岩及粉砂岩，围岩分级为Ⅱ、Ⅲ级，隧道最大埋深约 230m，采用双口掘进，洞口设变压器。

接触网工程从红岗站至西陇站，全长 26km。

施工过程中，发生以下事件：

事件 1：项目经理部安质部在对桥梁施工现场检查中发现以下问题：

（1）箱梁钢筋在桥梁外侧空地上进行切割、弯制和焊接；

（2）乙炔气罐和氧气罐并列存放，与钢筋焊接点距离不足 3m；

（3）首层碗扣式脚手架采用相同长度立杆布置。

事件 2：隧道出口段施工至 365m 处时，拱顶出现涌水，当时涌水量约 1800m³/h，随着涌水量逐渐衰减，后保持在约 300m³/h。设计单位对涌水前方地段地质进行了补勘，查明地质情况是：岩体较破碎，节理裂隙较发育；地下水主要为构造裂隙水，较发育；前方 75m 判定为Ⅴ级围岩。

事件3：施工单位在牵引变电工程施工前编制了下列施工方案：

（1）大型设备运输前制定安装技术方案，严格按照技术方案组织检查和施工，大型设备到场后，应邀请公司、设计单位、监理单位人员到现场监督验收。

（2）变压器、断路器等设备到场后，按照有关工艺、工法组织施工，由监理单位对设备的电气性能进行检查测试，并出具质检报告。

（3）运动装置的安装与牵引变电施工同步，运动调试采用同步同级方式，在通信工程提供有效通道后，争取在最短时间内完成运动调试任务。

事件4：项目经理部接触网作业车停放在红岗站，车况良好，该区段线路铺轨已经完成，线路行车临时调度中心设在红岗站。项目经理部为确保接触网作业车行车运行安全，编制了施工安全措施方案：作业队提前申报日施工计划；接触网作业车按照批复的日施工计划进出区间进行施工；推动平板运行时，必须设行车引导员；区间作业车施工必须设现场防护员等。

问题：

1．针对事件1存在的问题给出正确的做法。

2．针对事件2，为保证施工和运营安全可采取哪些处理涌水措施？

3．针对事件2，为保证隧道按期完工应采取哪些施工措施？

4．逐条判断事件3中的做法是否正确，并对错误之处给出正确做法。

5．针对事件4，为确保接触网作业车运行安全还应采取哪些措施？

实务操作和案例分析题参考答案

【案例1】答：

1．A集团公司的行为属于转让、出借《建筑业企业资质证书》的违规行为，对其处罚是：责令改正，没收所得，处工程合同价款2%以上4%以下的罚款，可以责令停业整顿，降低资质等级，情节严重的吊销资质证书。

2．X企业的行为属于超越本单位资质等级承揽工程的违法行为，对其处罚是：责令停止违法行为，处工程合同价款2%以上、4%以下的罚款，可以责令停业整顿，降低资质等级，情节严重的吊销资质证书，有违法所得的，予以没收。

3．B、C、D集团公司有串标行为，是违法行为，违反了招投标法。

4．中标后A集团公司没有自己成立项目部，而是允许X企业自行组织项目部进场施工，并收取了费用，是转包工程的违规行为。应作的处罚是：责令改正，没收所得，处工程合同价款0.5%以上1%以下的罚款，可以责令停业整顿，降低资质等级，情节严重的吊销资质证书。

5．中标后X企业暗地里将75%的工程分为三个整段分别分包给B、C、D集团公司，是违法分包的违规行为。应做的处罚是：责令改正，没收所得，处工程合同价款0.5%以上1%以下的罚款，可以责令停业整顿，降低资质等级，情节严重的吊销资质证书。

【分析与提示】

1. 理解本案例要从投标过程和施工过程这两个时间段上分开来分析。

2. 此题需掌握招投标法的要求，分包、转包的法律规定。

3. 两个过程中的处罚是否合并处罚没有依据，案例只是示例。

【案例2】答：

1. 施工单位 A 将桥涵顶进工程分包给 B 不合法。

原因：施工单位的分包应征得业主同意。

2. 繁忙干线客运列车脱轨18辆以上并中断铁路行车48h以上的，为特别重大事故。特别重大事故由国务院或者国务院授权的部门组织事故调查组进行调查。

3. 保证营业线上桥涵顶进的施工安全技术措施：

（1）顶进桥涵施工过程中要采取有效措施对线路进行加固，防止路基塌方和线路横向移动。

（2）顶进箱身时应在列车运行间隙进行，严禁在列车通过线路时顶进。

（3）顶进现场应具备适当数量的应急物资如道砟、枕木、钢轨等料具，一旦线路变形时，应立即抢修，确保行车安全畅通。

4. 当前掌子面出现坍塌时，如果未超出安全距离，立即顶进；如果超出安全距离时，要立即顶进，达到安全距离；如果有列车通过，又无抢修时间，严重影响列车通行安全时，宁可拦车，不可放车，且及时组织人员抢修线路，在确认具备列车通行条件时方可放车。

【分析与提示】

1. 转包、分包的法律规定。

2. 掌握营业线桥涵顶进的技术要求、安全措施。

3. 掌握顶进施工安全防控措施及应急预案。

【案例3】答：

1. 错误之处：（1）工艺试验确定4项工艺参数不完整；（2）检验成果由项目总工程师确认不妥。

正确做法：（1）再增加提升速度和单位桩长喷入量2项工艺参数；（2）工艺参数及成桩检验成果需报监理工程师确认。

【分析与提示】

此题考查浆喷搅拌桩施工方法在软基工程中的应用。

2. 发生质量问题可能的原因是：（1）原材料水泥不合格；（2）水泥浆配合比不合理；（3）水泥浆的喷量不足；（4）搅拌不均匀；（5）桩头段复搅拌不充分。

处理措施是：对质量不合格桩进行侧位补桩。

【分析与提示】

此题考查浆喷搅拌桩施工方法在软基工程中的应用。

对于分析原因的解题思路：要熟悉浆喷搅拌桩质量控制要点，分别从原材料选用、配合比选定、材料用量控制、施工工艺控制等影响成桩质量方面进行分析并查找原因。对于处理措施解题思路：要明确设置浆喷搅拌桩的目的是为了提高地基承载力，一旦成桩质量不合格势必影响地基承载力达不到设计要求，通过侧位补桩可以实现上述目的。

3．错误之处：（1）分层最大压实厚度为 50cm 不符合规范要求；（2）纵向搭接长度为 1.5m 不符合规范要求；（3）上下两层填筑接头错开为 2m 不符合规范要求。

正确做法：（1）分层最大压实厚度应不大于 30cm；（2）纵向搭接长度不应小于 2m；（3）上下两层填筑接头错开不应小于 3m。

【分析与提示】

此题考查路基填筑工艺和质量要求。

【案例4】答：

1．A 区段名称：检测区段；B 工艺名称：检验签证。

2．事件 1 施工方案中不合理之处：

（1）投入的主要机械设备中应增加重型振动压路机；

（2）片石尺寸不宜小于 30cm；

（3）片石抛填顺序应自地基中部向两侧；

（4）有横坡时自高侧向低侧抛填。

3．事件 2 做法中不妥之处的正确做法：高边坡防护应自上而下分级进行，开挖一级，防护一级。

4．事件 3 施工单位在进行路堤填筑碾压施工的整改措施：碾压顺序为先两侧后中间；上下两层填筑接头错开不得小于 3m。

【案例5】答：

1．该段路基地基处理措施有：

两段各长 500m 的软弱地基，采取换填 A、B 组填料处理，其余地基在挖沟排水后采用推土机推除松软表土，然后采用压路机反复碾压处理。

2．该段路基工程的施工技术方案是：

路堑表层采用推土机破土，然后分层开挖，采取潜孔钻钻爆和预裂爆破方法，路基填筑采取分层平起法填筑。以挖掘机为主进行装土、自卸车运土、推土机摊平、压路机碾压，路堤填筑前软弱地基采取换填处理，其他地段采取推表后碾压处理，路基基床采用 A、B 组填料分层填筑，压路机碾压，基床质量控制采用密实度、孔隙率、地基系数三项指标检测控制。

3．该段路基安全施工控制重点有：

（1）挖方路堑钻爆施工；

（2）高边坡防护施工；

（3）土方运输和装卸车作业；

（4）高路堤两侧边缘处碾压。

4.该段路基施工质量控制重点有：

（1）软弱地基的换填质量控制；

（2）路堑边坡稳定性、平顺性控制；

（3）钻爆时岩块粒径控制；

（4）过渡段填筑质量控制。

【分析与提示】

1.铁路工程上软弱地基和软土地基处理方法不同，软弱地基在厚度不大的情况下采取换填是常用的措施，换填的填料一般是要求渗水性好的粗填料，避免黏性土和细粒土。

2.施工技术方案描述一般是要表达所采用的机械设备、施工方法、重要检测方法和主要施工过程这几项主要内容。

3.质量安全控制重点一般要反映施工控制的重点部位或重点作业内容。

【案例6】答：

1.本案例路基填筑需要的施工机械有：

挖掘机、装载机、自卸车、推土机、压路机、洒水车。

2.涵洞处路基填筑方法要点有：

（1）选择符合要求的填料；

（2）选择合适的中小型碾压机械；

（3）控制好分层填筑厚度；

（4）控制好先后施工的路基接槎处理。

3.本案例路基施工作业的组织形式有：

路堤分为两段，即：小里程段和大里程段。

（1）平行作业组织：小里程段和大里程段同时平行施工。

（2）顺序作业组织：小里程段和大里程段一先一后顺序施工。

（3）交叉作业组织：先后将小里程段和大里程段的路基填高1.0m，利用良好季节，完成不利部分的填筑，然后交叉完成剩余部分路基填筑。

4.路基填筑的主要施工步骤是：

（1）基底处理；

（2）分层上土；

（3）洒水碾压；

（4）基床底层分层填筑；

（5）基床表层分层填筑；

（6）路基基顶成型；

（7）边坡整理防护；

（8）排水沟砌筑。

5.路堑挖方的主要施工步骤是：

（1）表层推土；

（2）分层钻爆开挖；

（3）基床成型；

（4）路堑边坡防护；

（5）侧沟、天沟砌筑。

【分析与提示】

1. 方法要点一般要从材料选择、机械选型、工艺要点和注意要点上叙述。

2. 施工步骤是将分部工程或单位工程拆解成较细的施工步骤按前后顺序进行的一种排列。

3. 路堤和路堑施工步骤都要强调基床部分，这部分技术要求严格。

【案例7】答：

1. 浆喷搅拌桩的作用原理是：

在搅拌桩机的上下旋转中将喷入的水泥浆与桩体内的泥土充分拌合，搅拌桩体发生化学固结并产生一定的承载力，同时桩间土在桩的限制下也产生一定的承载力，形成复合地基，能够承担路基土体自重和列车荷载。

浆喷搅拌桩的主要施工步骤是：

（1）平整场地；

（2）定位测量；

（3）桩机就位；

（4）向下旋钻至桩底；

（5）边提钻边喷浆边搅拌；

（6）桩头段二次复喷复搅。

2. 浆喷搅拌桩桩体的无侧限抗压强度不足，发生质量问题的原因可能在如下几方面：

（1）水泥浆的主要材料水泥不合格；

（2）水泥浆配合比不合适；

（3）水泥浆喷量不足；

（4）搅拌不均匀；

（5）桩头段复搅拌不充分。

3. 质量问题出现后应采取的解决措施是：采取侧位补桩的措施解决。

【分析与提示】

1. 浆喷桩的无侧限抗压强度不足的原因要从材料质量、材料数量、材料计量、施工工艺这几个方面寻找。

2. 理解本案例要了解搅拌桩的原理和工艺。

【案例8】答：

1. 塑料排水板的作用原理是：

在下卧的软土层中插入塑料排水板，然后分层填筑路堤，随着路基填土产生的压力增大，软土中心的水分顺排水板的垂直排水通道向外排水，逐渐完成软土层的排水沉降固结过程，使软土层增加承载力，满足路基自重和列车荷载。

塑料排水板的主要施工步骤是：

（1）铺设一层砂垫层；

（2）定位测量与桩机就位；

（3）安装桩靴，插打排水板；

（4）剪排水板、埋排水板。

2. 本案例发生质量问题的原因可能在如下几方面：

（1）填筑速度过快；

（2）沉降观测不准确；

（3）地质勘测不准确，导致处理深度不够。

3. 应采取的解决措施有：

（1）立即停止填筑；

（2）卸载反压护道；

（3）设计复查；

（4）地质复勘；

（5）沉降观测复查；

（6）查明原因后恢复施工。

【分析与提示】

1. 理解本案例要从软土排水固结原理上入门，了解软土路基填筑时沉降观测的重要性。

2. 要明白反压护道的作用原理。

【案例9】答：

1. 主跨钢梁的施工技术方案是：

（1）在18号、19号墩完成后，自墩顶向两侧进行悬拼；

（2）墩顶段拼装后，在钢梁顶部对称安装2台移动吊机，循环提升钢梁杆件；

（3）采用定向扭矩扳手对高强度钢螺栓施拧，采用扭矩系数法控制预紧力；

（4）钢梁出厂前完成二度底漆，一度面漆，拼装完成后施作一度面漆，现场采用长臂式喷漆机喷涂。

2. 边跨梁部工程施工步骤及投入的主要机械：

（1）边跨梁部工程施工步骤为：

① 梁场建设；

② 预制梁；

③ 首三孔梁架设；

④ 架桥机拼装；

⑤ 运梁；

⑥ 架桥机架梁；

⑦ 桥面系安装。

（2）投入的主要施工机械设备有：梁场移梁龙门，梁场拌合机，张拉千斤顶，运梁车。

3．T 梁预制的质量控制重点有：

（1）梁体混凝土强度、弹性模量；

（2）梁体外形尺寸；

（3）梁体预埋件位置；

（4）梁体防水层质量；

（5）梁体外观质量。

4．该特大桥控制工期的部位和分部工程是：

控制工期的部位有两处，一是特大桥主跨，包括主跨基础、墩身和钢梁架设；二是边跨 T 梁，包括预制、架设。

【分析与提示】

主跨被列为控制性工程是因为深水桥墩及主跨钢梁，边跨简支梁被列为控制性工程是因为铁路 32m 简支梁采用公铁两用架桥机，架梁、制梁有一定的难度，本案例 32m 简支 T 梁规模大、数量多。

【案例 10】答：

1．施工单元划分与施工队伍配置如下：

单元	范围	施工队伍配置
一	0 号～16 号墩	桩基一队、桥梁一队
二	17 号～20 号墩	桩基二队、桥梁二队、水上机械队
三	21 号～59 号墩	桩基三队、四队；桥梁三队、四队
四	0 号～59 号梁	制梁场、架梁队、钢梁队

2．全桥的施工顺序框图如下：

3．主跨的安全施工风险源简述如下：

（1）水上作业；

（2）高空作业；

（3）起重与架梁作业；

（4）钻桩、灌桩作业。

4. 主跨安全作业预防措施简述如下：

（1）水上作业措施要点：

1）大风天气禁止水上浮吊、驳船的作业与运输；

2）设置明显航道限界标识和防冲撞设施；

3）进入航道区的施工船，要符合安全审定，严格按要求行驶；

4）设置救生船，预防和准备随时抢救施工人员落水等。

（2）高空作业措施要点：

1）高空作业人员必须系安全带；

2）作业平台四周设置安全护栏；

3）脚手架、作业平台要做安全验算；

4）作业区下方严格控制人员进入。

（3）起重与架梁作业措施要点：

1）严禁超负荷起重；

2）必须设专人指挥作业；

3）配置必要的通信器材；

4）起重架梁时严禁重物下站人。

（4）钻孔与灌桩作业：

1）桩机安放必须稳固；

2）用电符合安全要求，防止漏电；

3）起、拔钻杆、导管必须轻拿轻放；

4）桩孔附近设置防滑板，防止人员滑入桩孔。

【分析与提示】

1. 总体施工顺序是表达一项工程或单位工程里主要施工项目（或施工工序）之间内在的逻辑顺序关系及安排的前后顺序关系。

2. 施工风险源也可以理解成容易发生危险的作业，此处有高空、水上、起重吊装、架梁、桩基作业等多个风险控制点。

3. 预防措施是指具体施工作业应该做到的做法和必须遵守的要求、准则。

【案例11】答：

1. 区间有一处换边拨接龙口施工，其施工技术方案是：

（1）龙口以外的新线路基、桥涵、轨道施工；

（2）龙口处的路基帮宽施工；

（3）要点临时封锁线路，快速拨接，电务配合，形成单向施工；

（4）龙口部分的旧线改造，尾工施工，双线开通运行。

2. 拨接龙口处的施工进程详见下图：

第一步
铺设新建铁路，留下A、B龙口

第二步
要点临时封锁，进行A龙口拨接

第三步
电务配合，下行线实现行车

第四步
B龙口合龙，尾工完成后复线开通

【分析与提示】

1. 铁路营业线轨道工程拨接采用图示来表达进程是比较好的表达方法，能够表达清楚在每个进程上轨道位置。

2. 轨道拨接施工要了解铁路的行车知识。

【案例 12】答：

1. 车站施工过渡方案是：

（1）12 号道岔预铺插入，铺设（Ⅲ）道延长部分，要点拆除旧岔，12 号道岔利用旧岔信号作平移。

（2）行车走（Ⅲ）道形成过渡，9 号与 12 号道岔直股锁闭，侧股开通，（Ⅰ）线，（Ⅱ）线股道区作抬高进行改造施工，（Ⅱ）线两端道岔拆除。

（3）要点临时封锁，9 号、12 号道岔一次抬高 10cm。

（4）行车走（Ⅰ）道，（Ⅲ）道封锁，9 号与 12 号道岔直股开通，侧股锁闭。

（5）抬高（Ⅲ）道，恢复（Ⅲ）道行车。

（6）施工过渡完成，其余轨道工程结合车站改造逐步完成。

2. 单号道岔铺设方案和作业内容：

（1）1、7、11 号道岔采取原位直接铺设方案，其作业内容有铺砟碾压、铺岔枕、铺轨、精细整道（岔）。

（2）3、5 号道岔采取滑移插入的铺设方案，其作业内容有预铺道岔、要点封锁、整体滑移、恢复信号连接、精细整道（岔）。

3. 临时要点封锁作业程序：

（1）提前 1 个月递交申请报告；

（2）批准后施工准备；

（3）实施前 1h 施工单位安全人员驻站；

（4）设置施工标识，封锁作业至完成；

（5）检查线路与信号，解除封锁，移动施工标识牌撤除；

（6）施工人员撤出，驻站人员撤出。

【分析与提示】

1. 车站施工过渡方案的制订要考虑道岔在列车进站和出站时的使用及信号的配合，尽量不增加新的信号装置，一般考虑既有信号的平移，保证信号作用和使用条件未做改变。

2. 要点封锁作业程序各个铁路局具体要求不完全相同，本案例只做示范。

【案例13】答：

1. 应选择的铺架方案是：在接轨站设置制梁场和轨排基地，采用机械化方案铺轨、架梁，铺架前采用汽车运输道砟，提前预铺道床。

原因是：轨道工程和梁部工程规模大，应采取机械化铺架，接轨站有条件设置铺架基地，架构梁运输困难，应该现场制梁，沿线石料丰富，可以就近分散铺设道床。

2. 按照经验，平均每天可以架梁3孔，铺轨3km。

计算检验：189÷3 + 360÷3 = 183天 = 6个月，实施工期略小于要求工期，可行。

所以有关施工进度确定如下：

（1）制梁3孔/天，架梁3孔/天；

（2）轨排组装3km/天（包括沿线轨排），正线铺轨3km/天；

（3）站线铺轨2km/天（利用架梁时间，铺轨机返回车站进行站线铺轨）。

3. 采取换铺法铺设无缝线路，主要施工步骤是：

（1）焊轨厂焊接长轨条；

（2）运输长轨条；

（3）现场焊接单元轨；

（4）换铺单元轨；

（5）应力放散和无缝线路锁定。

4. 装梁龙门、运梁车、架桥机、轨排吊装龙门、轨排运输车、铺轨机。

【分析与提示】

1. 铁路上长轨条是指300～500m一节的轨条，一般在固定的焊轨厂内采用标准轨焊接而成。

2. 铁路上单元轨是指2～4根长轨条焊接而成的特长轨条，一般在现场采用气压焊或闪光接触焊焊接而成。

3. 了解铺架施工要从铺架基地预制梁和轨排的装、运、架、铺这几个环节上逐步了解，最后形成铺架知识体系。

【案例14】答：

1. 轨道工程宜采用火车运输道砟、区间卸车、人工摊平、机械碾压、人工铺轨、机械化整道的施工方案。因为轨道工程规模不大，不宜采用机械化铺轨，并且公路交通条件较好，容易组织轨料运输。

2. 本案例为人工铺轨，其主要施工步骤是：

（1）测量定位，埋设线路桩；

（2）道床道砟铺设；

（3）轨枕道钉锚固；

（4）人工布枕；

（5）人工布轨；

（6）机械化整道。

3．本案例需要的轨道施工机具有：

（1）道钉锚固架；

（2）起道机；

（3）拨道机；

（4）道砟捣固机；

（5）拉轨器（轨缝调节器）；

（6）钢轨探伤仪；

（7）锯轨机；

（8）打孔机；

（9）轨道尺等测量器具。

【分析与提示】

1．区间卸车是指将材料列车停在区间，直接将运输的材料卸在复线铁路位置上，这是非常经济的运输方式，但是申请手续较为复杂，不宜频繁进行，因为区间卸车对繁忙的干线影响行车。

2．机械化整道质量较高，所以本案例虽然可以人工整道，但不提倡。

【案例15】答：

1．该段路基工程的主要施工步骤是：

（1）基底处理；（2）路基上土平整；（3）碾压检测；（4）路基基床填筑路碾压；（5）路基排水边坡防护。

2．路基施工的质量控制重点：

（1）原地面清理及平整碾压；

（2）填料分层摊铺及压实厚度和压实工艺；

（3）路堤填筑层压实质量（压实系数，地基系数，相对密度，孔隙率）。

3．该案例的公路立交桥主要施工步骤是：

（1）桥侧位基坑开挖；（2）顶进框构桥预制；（3）钢便梁架设与线路防护；（4）框构桥顶进；（5）钢便梁拆除及线路恢复。

4．顶进桥的安全控制重点：

（1）防护便桥架设后列车安全；

（2）施工时需要拆除现有框构桥端翼墙、桥台护锥时，营业线路基安全；

（3）顶进现场施工人员安全；

（4）施工机具堆放和作业机械在营业线旁的施工安全。

【分析与提示】

1．钢便梁是铁路部门研制的专门用于顶进施工时保护铁路线路安全的装置。

2. 钢便梁的架设和拆除要分次要点封锁线路多次作业才能完成。

【案例16】答:

1. 进口宜采取小导管超前注浆加固围岩,台阶法短进尺开挖,锚喷支护紧跟,初期支护尽早封闭成环的进洞措施。其施工步骤为:(1)小导管注浆;(2)上台阶开挖;(3)隧道拱顶锚喷支护;(4)下台阶开挖;(5)边墙锚喷支护;(6)底部开挖;(7)仰拱施作。

出口宜采取长管棚支护,短进尺开挖,锚喷支护紧跟,尽早成环的技术措施,其施工步骤为:(1)长管棚钻孔、插管、注浆;(2)围岩开挖;(3)格栅架立;(4)混凝土喷射;(5)底部开挖;(6)仰拱施作。

2. 采用的施工方案是:

进出口两个作业面同时掘进,进口采取小导管注浆超前支护的方法进洞,出口采取长管棚超前支护的方法进洞,洞身采取全断面开挖,锚喷初期支护,有轨出渣,扒渣机装岩、电动车牵引梭矿车运渣,初期压入式通风,后期混合式通风,液压台车进行模筑衬砌。

决定施工方案的主要因素是:

隧道长度、宽度、工期、地质状况。隧道长度与工期决定了隧道需要两头掘进方案,隧道长度、宽度决定了出渣需要采取有轨出渣、混合通风方案,优先考虑出渣方案、通风方案,然后考虑开挖、衬砌方案。

3. 该隧道洞身段的主要施工步骤是:

(1)开挖;(2)通风;(3)出渣;(4)支护;(5)仰拱与填充;(6)挂铺防水板;(7)衬砌;(8)沟槽。

4. 主要施工安全控制重点列表表述如下:

序号	重点项目	重点控制内容
1	开挖	风枪钻眼、装药点炮,炸药雷管运输保管,围岩清除
2	出渣	扒渣机作业、矿车运输作业
3	支护	格栅架立、锚杆钻眼,混凝土湿喷
4	挂铺防水板	施工台架稳定,台架上人员高空作业
5	衬砌	台车移动时的稳定,混凝土运输,泵送浇筑

【分析与提示】

1. 完整的施工方案包含了作业面数量安排、队伍安排、施工顺序安排以及所采取的施工方法和主要机械。本案例因为不能展开,只偏重施工方法和机械的描述,并不完整。

2. 安全控制重点的控制内容仅为示例,未做完全罗列。

【案例17】答:

1. 安全穿越富水断层带的主要措施有:

(1)超前帷幕注浆;

（2）短进尺台阶法开挖；

（3）小间距格栅或钢拱架喷射混凝土施工支护；

（4）仰拱施作支护封闭成环；

（5）衬砌紧跟；

（6）加强监控量测。

2. 出口段石灰岩地质施工前后要做的防范措施有：

（1）前方溶洞探测；

（2）前方岩溶水探测；

（3）有害气体探测；

（4）隧底或隧顶溶洞探测。

3. 应采取如下救人措施：

（1）靠近坍塌地段要加强支护，防止再次坍塌伤人；

（2）打入管道或通过完好的主供风管、主供水管向掌子面提供新鲜空气；

（3）通过管道向掌子面输送牛奶等食物；

（4）侧向钻爆打小洞或从坍方体内掏小洞进入掌子面救人。

【分析与提示】

1. 铁路上考虑水环境的保护，对隧道的富水断层破碎带，要求尽量采取"以堵为主，限量排放"的治水方针。

2. 有溶洞的地段，一般要考虑岩溶水的探测和有害气体的探测。

【案例 18】答：

1. 应采取 2 个作业面掘进。因为 1 个作业面不能满足工期要求，3 个作业面没有必要。2 个作业面完全能满足工期要求。

2. 应该设在 3 号特大桥小里程桥头，这样使两端最大运梁距离相差不大且在隧道施工期间可先架设 3 号特大桥。

3. 架梁顺序：先架设 3 号特大桥，再架设 2 号特大桥，最后架设 1 号特大桥。

【分析与提示】

本案例考虑隧道常规的施工进度指标及架梁方案。

【案例 19】答：

1. 合理的工区和施工任务划分见下表：

工区	范围	施工单位	施工任务
一	起点～隧道中央	一公司	1 号、2 号桥及路基、1/2 隧道
二	隧道中央～3 号桥钢梁（含）	二公司	1/2 隧道、制梁、架梁，1/3 的 3 号桥施工
三	3 号桥钢梁（不含）～终点	三公司	2/3 的 3 号桥施工

2．重新划分的施工任务见下表：

工区	范围	施工单位	施工任务
一	起点～隧道进口	一公司	管区内路基、1号、2号桥梁下部
二	隧道进口～隧道出口	隧道公司	隧道
三	隧道出口～3号桥中央	二公司	管区内路基、3号桥梁的1/2下部
四	3号桥中央～终点	三公司	管区内路基、3号桥梁的1/2下部
五	1号、2号、3号桥制梁、架梁	桥梁公司	梁场建设、制梁、架梁、桥面系等

3．该标段内控制性工程是：

梁场建设，钢梁拼装，箱梁预制、架设，隧道掘进，隧道衬砌。

4．方案调整－1：隧道增加工作面，增加制梁场的制梁进度。

或采用方案调整－2：1号、2号桥采用移动模架施工，减小制梁场规模，箱梁不过隧道。

【分析与提示】

1．方案调整不止两个方案，仅供参考。

2．方案调整－2中，当1号、2号桥梁高度不高时，也可采用支架现浇法施工，不一定非要采取移动模架，或者两者结合。

【案例20】答：

1．还可以利用车站A、车站C作为临时停放点。理由是：因为车站D关闭后不能使用，而车站A和车站C在铺架达到前可先进行改建，改建后可作为临时停放点。

【分析与提示】

本题主要考察既有线改建施工，需要一定的现场实践经验。既有车站关闭即车站不再使用。既有线在改建中不能中断行车，因此铺架设备等工程列车可利用既有车站进行列车避让。

2．本标段控制性工程有：站场改建和铺架工程。

【分析与提示】

根据背景资料可知，本标段的路基、桥梁工程量均不大，工期24个月，因此主要是铺架和站改控制工期。

3．工具轨存放区、轨排生产区、存梁区、机修区。

【分析与提示】

本题主要考察大型临时工程中铺架基地内应当具备的主要生产区，要求考生有一定的现场实践经验。

【案例21】答：

1．应选第三种方案。第一种方案违反安全操作规程，既无法保证工程质量，也不能保证行车安全和施工安全；第二种方案虽能保证施工安全，但造价过高；第三种方案能保证工程质量，也能保证施工安全和行车安全。

2. 首先进行线路防护和线路封闭工作；然后采用机械将轨道抬起，掏走一些道砟和路基的土，但不能超挖路基土；挖走道砟和土到设计位置，换铺钢轨；最后是机械整道工作。

3.（1）施工前施工准备工作：①施工单位要与铁路设备管理部门和行车组织部门分别签订施工安全协议书，明确安全责任；②将施工计划经设备管理部门会签后报请行车组织部门批准，纳入月度施工计划；③施工前，要向设备管理部门进行施工技术交底，特别是影响行车安全的工程和隐蔽工程；④施工前应作好营业线设施的安全防护工作；⑤施工用的临时道口必须报经有关部门批准。

（2）封锁拨接施工前，施工单位应在要点站施工登记本上按施工方案确定的内容登记要点申请。

【分析与提示】

掌握既有线施工的要求。

【案例 22】答：

1. 不正确。根据现行规定，工程施工承包单位不得转包和违法分包工程。确需分包的工程，应在投标文件中载明，并在签订合同中约定。开工后拟将部分工程任务分包给某专业承包商，必须经过建设单位的同意后进行。

2. B 公司对本工程中因质量问题返工造成损失负有直接责任，施工总承包企业（A 公司）向业主对分包工程出现的质量问题承担连带责任。业主向 A 公司索赔，A 公司向 B 公司索赔。

3. 保证软基处理工程工期的施工措施有：①调整优化剩余工作施工进度计划；②加大施工人员和设备的投入量，增加施工工作面，加快施工进度；③调整工作班制，由每天一班制调整为每天两班制，加快施工进度；④加强劳动力管理；⑤加强施工调度，保证连续作业，提高劳动效率；⑥完善冬雨期施工措施，避免窝工；⑦及时验工计价，保证资金供应。

【案例 23】答：

1. 质量控制要点有：

（1）支架基底处理；（2）支架架立与受力检算；（3）支架预压；（4）预拱度设置；（5）预应力管道安装及张拉；（6）混凝土配合比设计；（7）混凝土浇筑；（8）混凝土养护；（9）支座安装。

【分析与提示】

此题考查支架现浇梁施工工艺和质量控制要求。

2. 不妥之处：

（1）转岗劳务人员未进行培训直接上岗。（2）只进行口头技术交底。

整改措施：（1）对上场劳务人员重新进行培训，考核合格后上岗。（2）对作业工班重新进行书面技术交底。

【分析与提示】

此题考查对铁路工程劳务管理、技术管理方面的知识掌握。

3. 不正确。

正确的处理程序：施工单位必须详细核对设计文件，依据施工图和施工组织设计施工。对设计文件存在的问题以及施工中发现的勘察设计问题，必须及时以书面形式通知设计、监理和建设管理单位，应遵循"先申请，后变更；先变更，后施工"的程序。

【分析与提示】

此题考查变更设计管理规定相关的知识。根据管理规定：变更设计必须坚持"先批准、后实施，先设计、后施工"原则，严格依法按程序进行变更设计，严禁违规进行变更设计。解题思路是根据管理规定要求结合背景资料中的相关做法进行判定并加以更正。

4. 造成质量缺陷的原因：（1）箱梁施工养护措施采取不当。（2）水泥规格品种选择不当。（3）混凝土拌和水灰比控制不严。

正确做法：（1）夏天温度高，箱体进行覆盖养护，箱室采取降温措施。（2）应选用水化热低的矿渣水泥。（3）严格控制水灰比，降低坍落度波动幅度。

【分析与提示】

此题考查支架现浇梁混凝土质量控制方面的知识掌握，需要一定的现场施工经验。

【案例 24】答：

1. 根据地质情况及承包人配置的桩基成孔设备，应使用正循环钻机。因为冲击钻适用于硬岩或弱风化岩，而不适用于黏土、砂性土土层，而正循环钻机主要适用于黏土、砂类土等土层。

2. 安全措施的要点：

（1）孔口要设置防护支撑，孔外四周要挖排水沟；

（2）应设置混凝土护壁支撑，挖一段，支护一段；

（3）及时检测洞内有无有害气体，并加强通风。

3. 不正确。表现在两点：

（1）该桩水下混凝土灌注中断时间过长，水下混凝土一经灌注，应连续进行，中途任何原因中断灌注时间不得超过 30min；

（2）灌注标高应与桩顶设计标高相同不正确，应高出桩顶设计标高 0.5～1.0m。

4. 不正确。从处理岩溶孔洞的技术方案的角度，应当采取钻孔填砂，注浆固结，形成围护体的做法，桩长确实也需加长。从管理工作程序上讲，此做法属于擅自进行设计变更。

5. 不正确。施工单位必须详细核对设计文件，依据施工图和施工组织设计施工。对设计文件存在的问题以及施工中发现的勘察设计问题，必须及时以书面形式通知设计、监理和建设管理单位。

6. 不能。根据现行规定：桥梁工程采用的主要材料、构配件和设备，不管由谁组织供应，均应做好材料的进场质量验收，验收内容包括品种、规格、型号、材料质量证明和出厂合格证，并按批次检验，检验不合格的应退货或更换。安定性指标不合格的水泥属于废品水泥，不能降级使用。

7.（1）工序施工质量控制程序：①各工序应按施工技术标准进行质量控制，每道工序完成后，施工单位应进行检查，并形成记录；②工序之间应进行交接检验，上道工序应满足下道工序的施工条件和技术要求；③相关专业工序之间的交接检验应经监理工程师检查认可，未经检查或检查不合格的不得进行下道工序施工。（2）每个检验批必须由施工单位自检合格，然后通知监理单位检查验收；监理单位组织施工单位的专职质量检查员进行验收。

【分析与提示】

1. 钻孔桩、挖孔桩的施工要点。

2. 工序质量控制程序。

【案例25】答：

1. 当考虑存梁场地受限制或工期紧张时，按下面方式计算。为使制梁进度与架设进度基本均衡，制梁应至少提前35d开始，持续时间为420/2 = 210d，每天按平均2孔进度生产，需10个制梁台座。

2. 制梁总数量／（制梁工期／每片梁在台座的周转时间）= 420/（210/5）= 10个

需要存梁台座：35×2 = 70个

若有场地存梁，工期不紧张时，可采用下面方式：如计划架梁进度不变，可按架梁进度指标的一半安排预制进度，即1孔／d，需5个制梁台座，存梁台座数量将大幅度增加，将达到箱梁孔数的50%。

【案例26】答：

1. 存在质量问题：

（1）片石块偏小，不满足最小粒径应大于15cm的要求；

（2）缝隙处砂浆不饱满，可能采用灌浆法施工，未采用挤浆法施工；

（3）挡墙后面路基边坡处存在有膨胀土，填料及填筑不符合验收标准要求。

2. 施工单位质量管理存在问题：

（1）施工质量管理体系不健全；

（2）技术负责人未对现场管理人员和施工人员做好技术交底；

（3）质量计划不完整。

3. 不完整。还缺少以下内容：

（1）组织机构；

（2）必要的质量控制手段，施工过程、服务、检验和试验程序等；

（3）确定关键工序和特殊过程及作业指导书；

（4）与施工阶段相适应的检验、试验、测量、验证要求。

【案例27】答：

1. V级围岩采用中隔壁法的基本步骤：

（1）右侧（或左侧）拱部及中隔壁超前小导管；

（2）上台阶右侧（或左侧）土石方开挖及初期支护；

（3）下台阶右侧（或左侧）开挖及初期支护；

（4）上台阶左侧（或右侧）土石方开挖及初期支护；

（5）下台阶左侧（或右侧）开挖及初期支护；

（6）分段拆除纵横支撑，进行基面处理；

（7）施作仰拱衬砌；

（8）施作边墙与拱部二次衬砌。

2．此次安全事故发生的原因有：

（1）违反爆破操作规程或劳动纪律：两工作面接近贯通时，两端施工应加强联系，统一指挥。当两端工作面间的开挖距预留8倍循环进尺，或接近15m时，未停止一端工作和将人员和机具撤走。

（2）对现场工作缺乏检查或指挥错误：两工作面洞内爆破未做到统一指挥；也没有专职爆破工担任爆破任务；在两个开挖面相离200m内时，爆破时未能提前一个小时通报。

（3）安全设施缺少或有缺陷。

3．Ⅲ级围岩掘进进度指标：

$$施工进度 = \frac{循环进尺（m）}{循环时间（min）} \times 60 \times 24 \times 30 \times 0.85 = \frac{4}{918} \times 60 \times 24 \times 30 \times 0.85 = 160 m/月$$

Ⅳ级围岩掘进进度指标：

$$施工进度 = \frac{2.5}{765} \times 60 \times 24 \times 30 \times 0.85 = 120 m/月$$

Ⅴ级围岩掘进进度指标：

$$施工进度 = \frac{1.3}{796} \times 60 \times 24 \times 30 \times 0.85 = 60 m/月$$

4．掘进工期计算

设出口段工作面在正洞内掘进600m Ⅴ级围岩后继续向小里程方向掘进Ⅳ级围岩 Xm，横洞工作面在正洞内向隧道出口方向掘进Ⅳ级围岩（1800－X）m。两工作面自施工准备完成后同时开始施工，平行作业，直至贯通前两端工作面间的开挖距8倍循环进尺（2.5×8 = 20m）时，由出口段工作面单独掘进。则两工作面工作时间应满足以下等式：

$$1 + \frac{600}{60} + \frac{X}{120} - \frac{20}{120} = 4 + \frac{1800-X}{120}$$

解得：$X = 490$m

隧道出口工作面工作时间（不含施工准备时间）：$1 + \frac{600}{60} + \frac{490}{120} = 15.08$ 个月

横洞工作面向大里程（隧道出口）方向掘进工作时间（不含施工准备时间）：

$$4 + \frac{1800-490}{120} = 14.92 \text{ 个月}$$

设进口段工作面在正洞内掘进360m Ⅴ级围岩后继续向大里程方向掘进Ⅳ级围岩Ym，横洞工作面在正洞内向隧道进口方向（小里程方向）掘进Ⅲ级围岩480m后继续向隧道进口方向掘进Ⅳ级围岩（1440－Y）m。两工作面自施工准备完成后同时开始施工，平行作业，直至贯通前两端工作面间的开挖距离8倍循环进尺（2.5×8 = 20m）时，由进口段工作面单独掘进，横洞工作面此时要撤出。则两工作面工作时间应满足以下等式：

$$4 + \frac{480}{160} + \frac{Y}{120} = 3 + \frac{360}{60} + \frac{1440-Y}{120} - \frac{20}{120}$$

解得：$Y = 830$m

横洞向小里程掘进工作面工作时间（不含施工准备时间）：$4 + \frac{480}{160} + \frac{830}{120} = 13.92$ 个月

隧道进口工作面工作时间（不含施工准备时间）：$3 + \frac{360}{60} + \frac{1440-830}{120} = 14.08$ 个月

包含施工准备时间四个工作面的施工工期分别为：

隧道出口工作面：2 + 15.08 = 17.08 个月

横洞工作面向大里程（隧道出口）方向工作面：2 + 14.92 = 16.92 个月

横洞向小里程方向工作面：2 + 13.92 = 15.92 个月

隧道进口工作面：2 + 14.08 = 16.08 个月

因此，本隧道工程掘进工期受隧道出口工作面掘进工期控制，总掘进工期为17.08个月。

（注：根据隧道施工安全控制要求，两工作面接近贯通时，两端施工应加强联系，统一指挥。当两端工作间的开挖距预留8倍循环进尺，或接近15m时，应停止一端工作，将人员和机具撤走，并在安全距离以外设立警戒标志，防止人员误入危险区。）

5. 该隧道的施工形象进度示意图（时间—里程图）见下图。

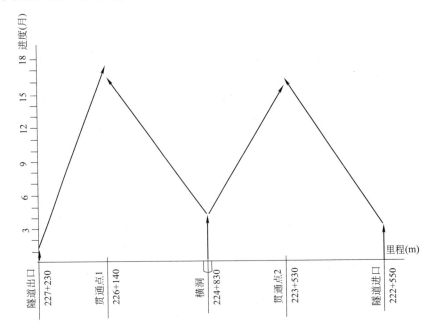

【案例 28】答：

1. 有不妥之处。进口处软弱围岩应坚持"短进尺"和"早封闭"原则。

2. 不完整。隧道监控量测项目还必须有"拱顶下沉"和"洞口段地表下沉"量测项目。

3. 不正确。根据本工程实际，进洞支护方案应采用超前支护方案；正洞支护可采取喷射混凝土的普通支护方法；对于长度短且大断面开挖隧道，出渣方案应采用无轨运输方式，并应注意加强通风。

4. （1）单口月开挖进度为：（24/12.4）×2.8×30×0.85≈130m

（2）如采用单口掘进，正洞掘进持续时间：2600/130＝20 个月

采用双口掘进，进口段进洞 1 个月，出口段需 3 个月，进口段作业面比出口段作业面早施工 2 个月。进口段与出口段工作面各分摊 1 个月。

进口段工作面在正洞内施工时间：$\dfrac{20}{2}+1=11$ 个月，总时间：$11+1+2=14$ 个月。

或：设进口段工作面在正洞内掘进 Xm，出口段工作面在正洞内掘进（2600－X）m。进口和出口段自施工准备完成后同时开始施工，平行作业。则两工作面工作时间应满足以下等式：

$$1+\frac{X}{130}=3+\frac{2600-X}{130}$$

解得：$X=1430$（m）

两工作面各自工作时间（含施工准备时间）：$2+1+\dfrac{1430}{130}=14$ 个月

5. 对于合同约定的工程项目范围内的填土不实，施工单位 A 应承担连带责任。承包方应对项目质量向发包方负责，分包工程的质量应由分包方向承包方负责，承包方应对分包方的工程质量向发包方承担连带责任。分包方应接受承包方的管理。

6. （1）此次安全事故发生的原因有：违反爆破操作规程或劳动纪律；对现场工作缺乏检查或指挥错误；安全设施缺少或有缺陷。（2）爆破人员必须经工程所在地县以上公安部门考核合格后，持《爆破员合格证》上岗；爆破作业必须有统一指挥，按照爆破施工方案和作业规程严格实施。

【案例 29】答：

1. 施工组织安排存在问题：

（1）该施工单位采取的并不是正台阶法，下台阶开挖太快；

（2）Ⅳ～Ⅴ级围岩属于软弱围岩，循环进尺太大，违反软弱围岩应"短开挖"的原则；

（3）支护不及时；

（4）衬砌封闭太慢；

（5）在出口段浅埋隧道未采取合理的超前支护和地表预加固措施；

（6）在现场未显示出采取合理科学的监控量测措施，对围岩特别是上拱部施工变形未监控到位。

2．通过冲沟地段，应采取以下措施：

（1）实施超前地质预报和地质探测；

（2）在出口段进行地表注浆预加固，提高冲沟处围岩稳定性；

（3）在洞内开挖采取长管棚超前支护或小导管超前支护；

（4）短进尺，弱爆破，减少对围岩扰动；

（5）加强监控量测，观测围岩变形；

（6）加强径向锚喷支护，早封闭，快衬砌。

3．靠近坍塌地段要加强支护，防止再次坍塌伤人；打入管道或通过完好的通风管、主供水管向掌子面提供新鲜空气；通过管道向掌子面输送牛奶等食物；侧向钻爆打小洞或从塌方体内掏小洞进入掌子面救人；联系数量足够的120救护车和医务人员，在营救现场待命抢救伤员。

【案例30】答：

1．应划分为三个工区；

一工区施工范围为：DK0＋000～DK19＋400；

二工区施工范围为：DK19＋400～DK40＋050；

三工区施工范围为：DK40＋050～DK59＋800。

【分析与提示】

此题考查铁路工程项目施工任务分解相关知识的应用。施工任务的分解原则是：在保证工期的前提下，工区安排的施工范围要便于管理，工区的多少要与整体工程相协调，工区的大小应有利于资源配置和劳动组织，各区段的工程任务量要尽量均衡，使整体施工进度均衡。针对本工程项目，由于中间有两座隧道，从便于管理的角度应以隧道中心为分界进行工区划分。

2．该工区应配备的施工队伍为：1个隧道队；1个桥涵队；2个路基队。

【分析与提示】

此题主要考查如何合理配置施工队伍资源。根据背景资料可知，顺河特大桥所在工区主要工程内容包括：1座688m的特大桥，两段路基和岐山1号隧道进口工程。688m的特大桥最多配置1个队伍，隧道只有一个口，只能配置一个队伍，路基有两段按精干高效的原则最多配置两个队伍。

3．施工方案：

岐山1号隧道采用全断面掘进施工方案；

岐山2号隧道采用台阶法掘进施工方案。

【分析与提示】

此题主要考查隧道开挖方法的选用。隧道开挖根据围岩情况应选用不同的开挖工法，对于单线隧道Ⅱ、Ⅲ级围岩地段可采用全断面法施工；Ⅳ级围岩地段可采用台阶法施工。

岐山1号隧道为Ⅲ级围岩可以采用全断面法施工，岐山2号隧道为Ⅳ级围岩，可采用台阶法施工。

4. 主要机械设备应有：风钻、空压机、通风机、装载机、汽车（或有轨矿车）、混凝土喷射机、衬砌台车、混凝土拌和机、混凝土运输车、混凝土输送泵。

【分析与提示】

此题主要考查隧道工程机械设备的选用和配置。隧道工程机械设备可划分为开挖机械设备、锚喷支护机械设备和衬砌机械设备。开挖机械主要有：风钻、空压机、通风机、装载机、汽车（或有轨矿车）；锚喷机械主要有：混凝土喷射机；衬砌机械主要有：衬砌台车、混凝土拌和机、混凝土运输车、混凝土输送泵。

5. 施工流程为：钻眼→装药放炮→通风→出碴→支护→衬砌。

【分析与提示】

此题主要考查对隧道施工工序及施工顺序的掌握。隧道施工是严格按照一定的顺序循环作业。由多种作业构成，开挖、支护、出砟运输、通风及除尘、防水及排水、供电、供风、供水等作业缺一不可。总的来说按照开挖、支护两条主线施工。

开挖为钻孔→装药→爆破→通风→出碴的作业循环。

支护为打锚杆→立钢拱架→喷混凝土→衬砌作业循环。

【案例31】答：

1. 本工程的长度为28km，工期16个月，工程类型包括路基、桥涵和隧道的特点，考虑路基的调配方案和隧道出渣的利用，可将工程划分为如下三个施工工区（平面示意图见下图）。

从起点DK26＋000到大山隧道入口为一工区，配备路基施工架子一队，负责本工区路基工程，桥涵施工架子一队，负责1号特大桥工程和本区的小桥涵；

大山隧道为二工区，配备隧道施工架子队一个；

从大山隧道出口到终点DK54＋000为三工区，配备路基施工架子二队，负责本工区路基工程，桥涵施工架子二队，负责2号特大桥工程和本区的小桥涵。

2. 工程（或工序）可以平行施工或顺序施工：土石方工程；小桥涵工程。

必须先后施工：2号桥利用1号桥钢模板，先施工完1号桥，再施工2号桥；先施工完线下工程，才能进行轨道工程施工。

3. 为确保铺轨按期通过本标段，应加快施工进度，对重点工程施工组织应该调整如下：

隧道可由原来的单口掘进施工方案修改为进出口双口掘进，以增加施工工作面。

考虑 1 号桥工程量仅完成 45%，2 号桥尚未开工，应增加模板按流水作业组织两个桥的施工，以加快施工进度。

【分析与提示】

掌握工区划分，施工队伍配备，施工顺序组织。

【案例 32】答：

1. 本工程规模比较大，因此，应首先将整个铁路项目分解为两个工区；再根据工程项目所包含的不同类别的工程，继续分解为不同的施工单元。每个单元由几个单位工程组成，或由一个较大的单位工程构成。

2. 针对本工程的不同施工对象，应采取的施工作业组织形式是：一般几个工区按平行作业组织施工；工区内同一类型的单位工程按流水作业组织施工；单位工程内一个工作面上按顺序作业组织施工。

3. 确定不同施工作业顺序的依据是：

（1）统筹考虑各工序之间的工艺关系和组织关系；

（2）考虑施工方法和施工机械的要求；

（3）考虑当地气候条件和水文要求，安排施工顺序考虑经济和节约，降低工程成本。

4. 进度计划优化调整有工期优化、费用优化和资源优化三种方式。

工期优化是以工期合理或缩短工期为目标，使其满足规定的总体要求，对初始网络计划加以调整。一般是通过压缩关键工作的持续时间或者调整分项工程的搭接关系，从而缩短关键线路。压缩关键线路的时间时，会使某些时差较小的次关键线路上升为关键线路，这时需要再次压缩新的关键线路，如此依次逼近，直到达到规定工期为止。

5. 当初始网络计划计算工期大于目标工期时，一般应进行工期优化或费用优化；当优化后的网络计划计算工期已经在目标工期内以后，一般还要进行工期固定，资源均衡的优化。

【案例 33】答：

1. 正确的做法：

（1）应当设立钢筋加工场，采用工厂加工半成品，现场绑扎。

（2）乙炔气罐和氧气罐之间存放距离应不小于 5m，乙炔气罐和氧气罐与焊接点距离应不小于 10m。

（3）碗扣式脚手架首层立杆应采取不同长度交错布置。

2. 采取的措施：

（1）超前地质预报，查明地质状况。（2）采取帷幕注浆止水。（3）增设泄水导坑。

3. 采取的措施：

（1）洞外增设斜井（横洞）。（2）洞内增设迂回导坑。

4.（1）不正确。正确说法是：邀请厂家、建设单位、监理单位人员到现场监督验收。

（2）不正确。正确说法是：由具有国家计量认证资质的试验单位对设备的电气性能进行检查测试，并出具试验报告。

（3）不正确。正确说法是：运动调试采用同步分级方式。

5. 还应采取的措施是：

（1）按照调度命令上的限速进行行驶。（2）平板车上的料具必须装载加固。（3）运行途中，作业台上不允许有人。（4）施工负责人、驻站联络员、现场防护员之间的通信必须保持畅通。

综合测试题（一）

一、单项选择题（共 20 题，每题 1 分。每题的备选项中，只有 1 个最符合题意）

1. 根据施工测量缺陷分类，属于严重缺陷的是（　　）。
   A. 控制点位选择不当　　　　　B. 计算程序采用错误
   C. 上交资料不完整　　　　　　D. 观测条件掌握不严

2. 钢筋原材料进场检验验收批组成中，每批钢绞线应由同一牌号、同一规格、同一交货状态的钢丝组成，并不得大于（　　）。
   A. 20t
   B. 30t
   C. 40t
   D. 60t

3. 下列新拌混凝土指标中，主要受单方用水量影响的是（　　）。
   A. 黏聚性　　　　　　　　　　B. 保水性
   C. 流动性　　　　　　　　　　D. 泌水性

4. 关于路堑开挖施工的说法，正确的是（　　）。
   A. 横向台阶开挖仅适用于横坡大于 1∶10 的一般土石路堑
   B. 黄土路堑截水沟设置应尽量靠近堑顶且距离不大于 2m
   C. 较深半路堑横向开挖宜按每层高度不大于 5m 分层进行
   D. 软石路堑在采用大型机械施工时可自下而上掏底开挖

5. 平缓山地下切的短而浅的一般土石路堑，中心开挖高度小于 5m，施工时宜选择（　　）开挖方式开挖路堑。
   A. 全断面　　　　　　　　　　B. 横向台阶
   C. 逐层顺坡　　　　　　　　　D. 纵向台阶

6. 钻孔桩水下混凝土的灌注可采用下列（　　）方法。
   A. 泵送法　　　　　　　　　　B. 横向导管法
   C. 竖向导管法　　　　　　　　D. 直接灌注法

7. 先张法预应力混凝土简支梁预制施工中，当桥面钢筋及预埋件安装工作完成后，下一道工序是（　　　）。

    A. 张拉预应力束　　　　　　　　　B. 浇筑混凝土

    C. 安装端头模板　　　　　　　　　D. 安装梁体钢筋

8. 隧道穿越地下水丰富的较完整石灰岩地层时，超前地质预报的重点是探明（　　　）。

    A. 岩溶　　　　　　　　　　　　　B. 节理发育带

    C. 断层　　　　　　　　　　　　　D. 有害气体

9. 永久性隧道及地下工程中常用的衬砌形式是（　　　）。

    A. 施工衬砌和永久衬砌

    B. 初期衬砌和钢筋混凝土永久衬砌

    C. 整体混凝土衬砌、复合式衬砌和锚喷衬砌

    D. 整体混凝土衬砌、复合式衬砌和钢材衬砌

10. 岩溶路基钻孔注浆作业的施作顺序为（　　　）。

    A. 顺序施钻，延后注浆　　　　　　B. 顺序施钻，同步注浆

    C. 跳孔施钻，延后注浆　　　　　　D. 跳孔施钻，同步注浆

11. 轻型轨道应采用的轨枕和扣件类型为（　　　）。

    A. Ⅱ型混凝土枕和弹条Ⅰ型扣件　　B. Ⅲ型混凝土枕和弹条Ⅰ型扣件

    C. Ⅱ型混凝土枕和弹条Ⅱ型扣件　　D. Ⅲ型混凝土枕和弹条Ⅱ型扣件

12. 无砟轨道道岔组装顺序为（　　　）。

    A. 先侧股后直股，先上股后下股　　B. 先侧股后直股，先下股后上股

    C. 先直股后侧股，先上股后下股　　D. 先直股后侧股，先下股后上股

13. 人工上砟整道作业，正确的作业顺序是（　　　）。

    A. 方枕→串轨→起道→补砟→捣固→拨道

    B. 方枕→串轨→补砟→起道→捣固→拨道

    C. 串轨→方枕→起道→补砟→捣固→拨道

    D. 串轨→方枕→补砟→起道→捣固→拨道

14. 铁路线路两侧应当设立铁路线路安全保护区。铁路线路安全保护区的范围是从铁路线路路堤坡脚、路堑坡顶或者铁路桥梁外侧起向外的距离。其中在城市市区安全保护区范围应不少于（　　　）。

    A. 4m　　　　　　　　　　　　　　B. 6m

C. 8m   D. 10m

15. 控制电缆敷设前对电缆绝缘进行测试的仪表是（   ）。
    A. 万用表   B. 接地电阻测试仪
    C. 兆欧表   D. 钳流表

16. 直流正极母线在涂刷相色漆、设置相色标志的颜色为（   ）。
    A. 黄色   B. 蓝色
    C. 红色   D. 赭色

17. 铁路工程施工考核扣减费用应纳入（   ）。
    A. 项目管理费   B. 安全生产费
    C. 项目招标节余   D. 总承包风险费

18. 铁路建设工程质量事故实行逐级报告制度。下列事故类别中，应逐级上报地区铁路监督管理局的是（   ）。
    A. 特别重大事故   B. 重大事故
    C. 较大事故   D. 一般事故

19. 在施工天窗作业时，技改工程、线路大中修及大型机械作业时间不应少于（   ）。
    A. 60min   B. 70min
    C. 90min   D. 180min

20. 铁路建设工程安全风险管理中规定，（   ）是风险防范的主要责任单位。
    A. 建设单位   B. 勘察设计单位
    C. 监理单位   D. 施工单位

二、多项选择题（共 10 题，每题 2 分。每题的备选项中，有 2 个或 2 个以上符合题意，至少有一个错项。错选，本题不得分；少选，所选的每个选项得 0.5 分）

1. 下列属于重载铁路和设计速度 200km/h 及以下的有砟轨道铁路基床以下路堤填料的有（   ）。
    A. A 组填料   B. B 组填料
    C. C 组填料   D. D 组填料
    E. 化学改良土

2. 混凝土的耐久性指标应根据（   ）确定。

A．结构设计使用年限   B．配合比

C．所处环境类别   D．作用等级

E．工程地质条件

3．山区铁路当地下水埋藏深对路基有危害时，宜采用的排水措施有（   ）。

A．明沟   B．渗水隧洞

C．支撑渗沟   D．渗井

E．排水槽

4．下列构件中，属于扶壁式挡土墙组成部分的有（   ）。

A．立壁板   B．墙趾板

C．扶壁   D．墙踵板

E．锚定板

5．钢梁悬臂拼装的主要方法有（   ）。

A．全悬臂拼装   B．半悬臂拼装

C．中间合龙悬臂拼装   D．半对称悬臂拼装

E．平衡悬臂拼装

6．隧道爆破作业时，关于周边眼布置的说法，正确的有（   ）。

A．周边眼沿开挖断面轮廓线布置   B．周边眼间距应大于其抵抗线

C．周边眼间距小于辅助眼间距   D．周边眼眼底深于辅助眼眼底

E．周边眼眼底浅于掏槽眼眼底

7．根据用途和平面形状，道岔分为普通单开道岔和（   ）等。

A．单开对称道岔   B．三开道岔

C．交叉渡线   D．交分道岔

E．复式道岔

8．一根交流单芯电缆穿保护管时，可以使用的管材为（   ）。

A．铜管   B．铝管

C．钢管   D．PVC 管

E．陶土管

9．按铁路项目总承包合同约定属建设单位承担的费用，需另行签订补充合同。下列项目中属于需要另行签订补充合同的有（   ）。

A．Ⅰ类变更设计   B．施工方案优化

C. 限额以上的Ⅱ类变更设计　　　　D. 大临费用增加

E. 材料设备价差

10. 下列属于铁路项目信誉评价一般不良行为认定标准的有（　　　　）。

A. 隐蔽工程未经检验合格而进入下一道工序的

B. 未编制安全专项方案或未经评审的　C. 不按规定使用和保管爆破器材的

D. 特种作业人员无证上岗作业的　　　E. 使用未经检验原材料、构配件的

三、实务操作和案例分析题（共5题，1、2、3题每题20分，4、5题各30分。请根据背景材料，按要求作答）

【案例1】

某段普通铁路增建二线工程，主要工程项目有路堑、路堤和桥梁。其中路堑段增建的二线铁路紧邻既有线，断面设计是对既有线靠山侧山体进行扩挖，最大开挖高度为10m，开挖体地质为强风化、中风化泥岩，主要支挡工程为抗滑桩；路堤大部分地段位于一水库上游，设计为单绕新建路堤，基床底层及以下路堤填料采用砂砾石，基床表层采用级配碎石。施工中发生以下事件。

事件1：路堑开挖施工前，施工单位编制了专项施工方案。方案主要要点是：先将该路堑段设计相邻的10根抗滑桩同时开挖，开挖完成后集中灌筑混凝土；待抗滑桩全部完成后，再进行石方开挖，开挖方式采用浅孔爆破。

事件2：正式填筑路堤前，施工单位进行了路堤填筑（基床底层及以下路堤）工艺性试验，试验段位置选择在地势平坦的路堤中间地段，长度选择为80m。工艺性试验形成的成果包括：机械设备组合方式、松铺厚度、压路机碾压方式和碾压遍数。监理工程师检查发现试验段选择不符合规范要求，报送的工艺性试验成果内容不全。

事件3：路堤与桥台过渡段填筑时，施工单位先填筑台后过渡段路堤，再填筑桥台锥体；在大型压路机碾压不到的部位及台后2.0m范围内，填料铺筑厚度按30cm控制，采用人工配合挖掘机压实。

问题：

1. 事件1中，施工单位的施工方案是否正确？并说明理由。

2. 针对事件2中试验段选择存在不妥之处，给出正确做法。

3. 针对事件2，补充工艺性试验成果内容。

4. 事件3中，施工单位的做法存在不妥之处，给出正确的做法。

【案例2】

某集团公司承建高速铁路站前工程第一标段，其中某桥梁主跨为（48＋80＋48）m双线预应力混凝土连续箱梁，采用悬臂浇筑法施工，边跨直线段采用满堂支架现浇。

施工过程中发生以下事件：

事件1：连续箱梁施工前，施工队拟配置的梁部施工设备有：垂直运输设备、水平运输设备、压浆设备、托架、支架、模板、试验设备。

事件2：边跨直线段施工前，项目经理部编制了专项施工方案：要求将施工作业平台脚手架与梁部模板连接牢固，以增加脚手架的安全性。底模安装完成后，对支架进行预压，预压重量设定为最大施工荷载的1.0倍，分三次预压到位。

事件3：项目经理部委托了第三方监测单位对梁部线形进行监测。标准梁段施工前，项目经理部对施工队进行了技术交底，要求每浇筑完成3个梁段后，根据第三方监测单位的监测数据调整梁部线形；梁段混凝土达到张拉条件后，前移挂篮，再张拉纵向预应力筋；合龙段施工前，应分析气温变化情况，在施工当天选定近5天平均气温时段锁定合龙口并浇筑混凝土；中跨合龙段混凝土具备张拉条件后，先拆除0号块支座临时固结，再张拉底板预应力筋。

问题：

1. 针对事件1，梁部施工还应配置哪些主要施工设备？

2. 针对事件2中施工方案的不妥之处，写出正确做法。

3. 针对事件3中技术交底内容的不妥之处，写出正确做法。

【案例3】

某建设工程合同工期为25个月，经总监理工程师批准的施工总进度计划如下图所示。

当该计划执行至7个月末时，发现施工过程D已完成，而施工过程E拖后两个月。

由于E工作延误是承包人自身原因造成，故应采取工期—成本优化方式压缩后续关键工作持续时间保证目标工期。

压缩某些施工过程的持续时间，各施工过程的直接费用率及最短持续时间见下表。

施工过程	F	G	H	I	J	K
直接费率（万元／月）	—	10.0	6.0	4.5	3.5	4.0
最短持续时间（月）	2	3	5	3	3	4

问题：

1. 请说明施工过程E的实际进度是否影响原计划总工期？为什么？

2. 在不改变各施工过程逻辑关系的前提下，采取工期—成本优化，原进度计划的最优调整方案是什么？为什么？此时直接费用将增加多少万元？

【案例 4】

某繁忙干线铁路增建二线隧道工程，长度 4500m，起讫里程为 DK85＋000～DK89＋500，位于西南多雨山区。新建隧道与营业线隧道均为单线隧道，净间距为 7～30m。经调查，营业线经过近三十年运营，营业线隧道存在衬砌厚度不够、拱墙背后局部脱空、拱墙有裂缝和局部剥落等病害。新建隧道所穿地层为Ⅳ、Ⅴ级软弱围岩，岩溶发育，有 5 条富水断层，洞口上方存在较厚松散坡积体。

施工中发生以下事件：

事件 1：项目经理部工程部编制了洞口施工技术交底书，主要内容有：洞口边仰坡防护、超前支护、洞口开挖和锚喷支护。经项目总工审查，发现缺少一些关键内容，退回工程部补充完善。

事件 2：项目经理部计划在新建隧道完工后，对营业线隧道与既有线路一起加固和大修。4 月 1 日上午 8 时，新建隧道进行开挖爆破施工，营业线隧道拱顶发生掉块，砸到正通过该隧道的一列货车，导致该货车 5 节车辆脱轨；事故发生后，项目经理部果断设置防护，并自行组织救援；8 时 15 分，铁路运营部门发现线路中断，立即通知本单位铁路救援队赶往现场救援；铁路救援队于 9 时 20 分赶到事发地点，13 时 50 分，脱轨货车拖离现场，14 时 20 分，另一货车限速慢行通过事发地段，随后逐渐恢复正常运营。事故造成直接经济损失达 850 万元。

问题：

1. 根据背景资料，列出本工程施工安全的主要重大危险源。

2. 根据事件 1，补充洞口施工技术交底书缺少的关键内容。

3. 根据《铁路交通事故应急救援和调查处理规定》，指出事件 2 中的事故等级，并说明理由。

4. 为了防止事件 2 中事故再次发生，应采取哪些施工安全措施？

【案例 5】

某集团公司承建某新建铁路工程，技术标准为单线Ⅰ级铁路。工程内容包括：路基、桥梁、隧道及轨道工程（不含"三电"）。

该工程投标标书编制的施工方案为：全标段划分为两个工区并安排两个综合子公司平行组织施工；轨道采取人工铺轨，T 梁预制分别在 1 号、2 号特大桥桥头设置预制场，T 梁采用架桥机架设，隧道采取进、出口相向作业；土建工程工期为 30 个月。工程分布与工区划分见下图。

项目经理部进场后，发生了以下事件：

事件1：项目经理部设立了施工技术部、财务部、物资设备保障部、试验中心、办公室，并计划对两个工区按专业配备施工队伍。

事件2：施工队伍进场前，业主要求隧道工程必须由专业隧道公司承担施工，项目经理部据此对施工任务进行了重新划分。

事件3：项目经理部对轨道工程确定的主要控制工序有：循环整道、初步整道、人工布轨、路基（桥梁）上砟、轨枕道钉锚固、人工摆放轨枕、路基成型、路基（桥梁）补砟。

事件4：项目经理部在1号、2号特大桥桥头分别设置制梁场，并配备了装梁用龙门吊等主要架梁机械。

问题：

1. 根据背景资料给出二工区所需的专业施工队伍名称及数量。

2. 指出事件1中项目经理部缺少的两个关键职能部门。

3. 针对事件2，指出重新划分后合理的施工工区数量，并说明各工区施工范围。

4. 针对事件3，列出正确的轨道工程施工流程。

5. 针对事件4，现场架梁还应配备哪些主要机械？

综合测试题（一）参考答案

一、单项选择题

1. B；　2. D；　3. C；　4. C；　5. A；　6. C；　7. B；　8. A；
9. C；　10. D；　11. A；　12. C；　13. D；　14. C；　15. C；　16. D；
17. C；　18. D；　19. D；　20. B

二、多项选择题

1. A、B、C、E；　2. A、C、D；　3. B、D；　　　　4. A、B、C、D；
5. A、B、C、E；　6. A、C、E；　7. A、B、C、D；　8. A、B、D、E；
9. A、C、E；　　10. A、B、D

三、实务操作和案例分析题

【案例1】答：

1. 不正确。理由：

（1）遗漏了营业线安全防护方案。

（2）群桩不应同时开挖，应由两侧向中间间隔开挖，开挖完成后及时灌筑混凝土，成桩1天后才可开挖邻桩。

（3）紧邻既有铁路的软石路堑宜采用机械开挖或控制爆破。

2. 正确做法：

（1）试验段位置应选择在断面及结构形式具有代表性的地段及部位。

（2）试验段长度选择应不少于100m。

3.（1）填料含水率控制范围。（2）压路机碾压行走速度。（3）施工工艺流程。（4）压实检测情况分析。

4．正确做法：

（1）台背过渡段应与桥台锥体同步填筑。

（2）在大型压路机碾压不到的部位及台后 2.0m 范围，应采用小型振动压实设备碾压。

（3）填料铺筑厚度不宜大于 20cm。

【案例 2】答：

1．事件 1 中的梁部施工还需要配置的主要施工设备有：挂篮、钢筋加工设备、张拉设备（或预应力设备）、混凝土拌和设备、混凝土振捣设备。

2．事件 2 中施工方案不妥之处的正确做法：

（1）脚手架为独立体系（或与模板分离或不得与模板相接）。

（2）预压重量应不小于最大施工荷载的 1.1 倍（预压重量应大于最大施工荷载或预压重量应大于浇筑的混凝土重量）。

3．事件 3 中技术交底内容的不妥之处的正确做法：

（1）梁体线形应在各梁段分别调整，不可集中调整。

（2）先张拉纵向预应力，再前移挂篮。

（3）必须在施工当天梁体温度最低时锁定。

（4）合龙段施工后，应先张拉底板预应力钢筋再拆除临时固结。

【案例 3】答：

1．计算时间参数如下图所示。关键线路为①—②—③—④—⑥—⑦—⑨。由于 E 为关键工作，原计划总时差为 0，所以，拖后 2 个月，影响工期 2 个月。

2．进度计划调整（工期—成本优化）：

根据背景，按工期费用优化方法调整 7 个月后的进度计划。

（1）执行 7 个月后的剩余网络计划如下图所示：

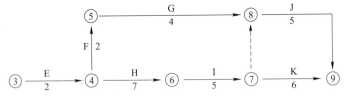

（2）确定缩短工作：可缩工作有 H、I、K。$\Delta C_{min}=4.0$ 万元／月，即首先缩短 K 工作。

（3）确定缩短时间：ΔD_k 个月。

（4）直接费用增加值：$C_1=4.0\times1$ 天＝4.0 万元。

（5）绘出新的网络计划如下图所示：

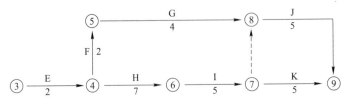

（6）第二次调整：可缩工作 H、I、J＋K。

$$\Delta C_{\min} = 4.5 \text{ 万元} / \text{月}$$

即缩短 I 工作：$\Delta D_{6-7} = 2$ 个月

因为达到原计划的工期只需缩短 1 个月，所以，只缩短 1 个月工作，直接费用增加到：

$$C_2 = C_1 + 4.5 \times 1 \text{ 天} = 8.5 \text{ 万元}$$

故得出：缩短 I、K 两项工作各 1 个月为最优调整方案，既可满足工期要求，又是所增费用最少，此时直接费用增加 8.5 万元。

【案例 4】答：

1. 本工程施工安全的主要重大危险源：营业线运营安全、隧道坍塌、突泥突水、泥石流、隧道爆破。

2. 洞口施工技术交底书缺少的关键内容：营业线防护、洞口截排水。

3. 根据《铁路交通事故应急救援和调查处理规定》判定事件 2 为较大事故。因为此事故中断繁忙干线行车 6h20min，而大于 6h 以上的为较大事故。

4. 防止事件 2 中事故再次发生应采取的施工安全措施：（1）先加固营业线隧道，后新建隧道施工；（2）新建隧道采用机械或减震控制爆破或短进尺，弱爆破；（3）加强营业线隧道的监测和观察；（4）新建隧道利用"天窗"时间爆破；（5）建立统一的应急救援体系。

【案例 5】答：

1. 二工区所需的专业施工队伍名称及数量为：隧道队 1 个，路基队 2 个，桥梁队 1 个，制梁队 1 个，架梁队 1 个，轨道队 1 个。

2. 项目经理部缺少的两个关键职能部门是：安全质量环保部和计划合同部。

3.（1）重新划分后合理的施工工区是：增加一个工区，由两个工区调整为三个工区。

（2）各工区施工范围为：

一工区：起点至隧道进口；

二工区：隧道进口至隧道出口；

三工区：隧道出口至终点。

4. 轨道工程施工正确的流程是：路基成型→路基（桥梁）上砟→轨枕道钉锚固→人工摆放轨枕→人工布轨→初步整道→路基（桥梁）补砟→循环整道。

5. 现场架梁还应配备的主要机械是：架桥机、运梁车。

综合测试题（二）

一、单项选择题（共20题，每题1分。每题的备选项中，只有1个最符合题意）

1. 下列施工测量缺陷中属于严重缺陷的是（　　）。
   A. 控制点点位选择不当
   B. 上交资料不完整
   C. 起算数据采用错误
   D. 观测条件掌握严格

2. 测量仪器的轴线可能因受振动造成几何位置变化，应经常对其进行（　　）。
   A. 拆装清洗
   B. 检验校正
   C. 停测维修
   D. 定期更换

3. 下列检验项目中，属于钢筋进场检验项目的是（　　）。
   A. 极限抗拉强度
   B. 抗压强度
   C. 反复弯曲性能
   D. 松弛性能

4. 路基填筑施工的四区段是指（　　）。
   A. 填土区段、平整区段、碾压区段和检测区段
   B. 准备区段、平整区段、碾压区段和验收区段
   C. 填土区段、整修区段、压实区段和检测区段
   D. 准备区段、整修区段、压实区段和验收区段

5. 在石料缺乏地区，对地基承载力较低的土质路基，其支挡形式宜采用（　　）挡土墙。
   A. 重力式
   B. 短卸荷板式
   C. 悬臂式
   D. 锚杆式

6. 强夯置换施打顺序宜（　　），逐一完成全部夯点的施工。
   A. 由外向内，隔孔分序跳打
   B. 由内向外，隔孔分序跳打
   C. 由外向内，依次顺序施打
   D. 由内向外，依次顺序施打

7. 钢板桩围堰的施工程序为（　　）。

A. 围囹的设置→围囹的安装→钢板桩整理→钢板桩的插打和合龙

B. 围囹的设置→钢板桩整理→围囹安装→钢板桩的插打和合龙

C. 钢板桩整理→钢板桩插打→围囹设置→围囹的安装和合龙

D. 钢板桩整理→围囹的设置→围囹安装→钢板桩的插打和合龙

8. 铁路营业线桥涵顶进按结构分主要有（　　　）两种类型。

A. 浅埋涵洞顶进和深埋涵洞顶进

B. 深基础涵洞顶进和浅基础涵洞顶进

C. 框架式桥涵顶进和圆形涵洞顶进

D. 过水涵洞顶进和过人涵洞顶进

9. 下列桥梁结构中不属于斜拉桥组成部分的是（　　　）。

A. 索塔 　　　　　　　　　　B. 主缆

C. 主梁 　　　　　　　　　　D. 斜拉索

10. 预应力混凝土悬臂梁、连续梁、刚构、斜拉桥等结构都可采用（　　　）施工方法。

A. 膺架法 　　　　　　　　　B. 拖拉法

C. 悬浇法 　　　　　　　　　D. 浮运法

11. 适用于各种地质条件和地下水条件，且具有适合各种断面形式和变化断面的高灵活性的开挖方法是（　　　）。

A. 钻爆法 　　　　　　　　　B. 盾构法

C. 掘进机法 　　　　　　　　D. 沉管法

12. 隧道结构防水施工控制的重点是（　　　）。

A. 环向排水施工 　　　　　　B. 纵向排水施工

C. 泄水孔施工 　　　　　　　D. 施工缝施工

13. 无缝线路的锁定轨温是指（　　　）。

A. 长轨节温度应力状态为5MPa时的轨温

B. 长轨节温度应力状态为10MPa时的轨温

C. 长轨节温度应力状态为零时的轨温

D. 长轨节温度应力状态为2MPa时的轨温

14. 变压器是利用电磁感应原理来改变交流电压的装置，主要功能除电流变换、阻抗变换、隔离、稳压外还应包括（　　　）。

A. 电压变换   B. 储存电能

C. 电容增加   D. 功率提高

15. 干燥环境中,(　　)不得使用。

A. 普通硅酸盐水泥   B. 快硬硅酸盐水泥

C. 火山灰质水泥   D. 矿渣水泥

16. 在铁路工程项目站前工程施工中,线上工程工期主要是指(　　)的工期。

A. 路基工程   B. 桥梁工程

C. 隧道工程   D. 铺架工程

17. 真空断路器主要包含三大部分,除电磁或弹簧操纵机构和支架外还应包括(　　)。

A. 真空灭弧室   B. 合闸线圈

C. 触头   D. 电流互感器

18. 当承包单位将承包的工程转包并造成铁路建设工程质量一般事故时,应对施工单位处以工程合同价款(　　)的罚款。

A. 0.5%   B. 0.5% 以上 0.7% 以下

C. 0.7% 以上 1.0% 以下   D. 1.0%

19. 铁路工程变更设计中,(　　)应对 I 类变更设计文件进行初审。

A. 承包单位   B. 监理单位

C. 咨询单位   D. 建设单位

20. 组织制定本建设项目的安全事故应急救援预案,并定期组织演练是(　　)的责任。

A. 安全监督检查单位   B. 建设单位

C. 施工单位   D. 工程承包单位

二、多项选择题(共10题,每题2分。每题的备选项中,有2个或2个以上符合题意,至少有一个错项。错选,本题不得分;少选,所选的每个选项得0.5分)

1. 桥梁基础无护壁基坑开挖可以分为垂直开挖和放坡开挖;基坑开挖的作业方法有(　　)。

A. 人工开挖   B. 冲抓开挖

C. 钻爆开挖   D. 机械开挖

E. 吸泥开挖

2. 外加剂在改善混凝土的性能方面具有以下作用（　　　）。

    A. 调节混凝土的凝结时间　　　　　　B. 提高强度

    C. 减少混凝土的用水量　　　　　　　D. 减少裂缝

    E. 减少原材料的含水量

3. 路堑的基本结构包括（　　　）。

    A. 路堑基床底层　　　　　　　　　　B. 路堑基床表层

    C. 路堑排水系统　　　　　　　　　　D. 路堑边坡

    E. 路堑道床

4. 对有滑坡体的特殊路基地段，宜采用的支挡结构有（　　　）。

    A. 抗滑桩　　　　　　　　　　　　　B. 桩板式挡土墙

    C. 加筋挡土墙　　　　　　　　　　　D. 锚碇板挡土墙

    E. 锚杆挡土墙

5. 桥梁基础无护壁基坑开挖可以分为垂直开挖和放坡开挖；基坑开挖的作业方法有（　　　）。

    A. 人工开挖　　　　　　　　　　　　B. 冲抓开挖

    C. 钻爆开挖　　　　　　　　　　　　D. 机械开挖

    E. 吸泥开挖

6. 对于围岩裂隙较多、破碎、富水的地质条件下，如洞口地段、断层地段，一般要采用超前支护，其方式有（　　　）。

    A. 长管棚超前支护　　　　　　　　　B. 小导管超前支护

    C. 密管棚超前支护　　　　　　　　　D. 大导管超前支护

    E. 压浆固结超前支护

7. 无砟道床宜采用（　　　）等结构形式。

    A. 板式　　　　　　　　　　　　　　B. 柱式

    C. 梁式　　　　　　　　　　　　　　D. 轨枕埋入式

    E. 弹性支承块式

8. 根据铁路建设工程安全生产管理办法，必须接受安全培训，考试合格后方可任职的人员主要包括（　　　）。

    A. 现场施工人员　　　　　　　　　　B. 施工单位的主要负责人

    C. 项目负责人　　　　　　　　　　　D. 项目技术人员

    E. 专职安全人员

9. 下列属于铁路牵引供电用高压电器设备的有（　　　）。

    A. 高压断路器
        B. 合闸线圈

    C. 隔离开关
        D. 高压熔断器

    E. 电流互感器

10. 铁路工程验工计价依据包括（　　　）。

    A. 工程承包合同及其他有关合同、协议

    B. 批准的单位工程开工报告

    C. 指导性施工组织设计

    D. 建设单位下达的投资及实物工作量计划

    E. 初步设计施工图纸

三、实务操作和案例分析题（共 5 题，1、2、3 题每题 20 分，4、5 题各 30 分。请根据背景材料，按要求作答）

【案例 1】

某段新建高速铁路路基工程，主要施工内容有路堑土方开挖和路堤填筑。路堤段长度 300m，最大填筑高度为 8m，所经地段大部分为水田，设计判定为软弱地基；路堤基床底层设计采用改良土填筑，基床表层设计采用级配碎石填筑，路堤填筑完成后需要堆载预压。依据《高速铁路路基工程施工技术规程》规定，路基沉降观测频次见下表。

路基沉降观测频次

观测阶段	观测期限	观测频次
填筑及堆载	一般	1 次 /d
	沉降量突变	2~3 次 /d
	两次填筑间隔时间较长	A
堆载预压及路基填筑完成	第 1~3 个月	1 次 / 周
	第 4~6 个月	B
	6 个月以后	1 次 / 月
轨道铺设后	第 1 个月	1 次 /2 周
	第 2~3 个月	1 次 / 月
	3 个月以后	C

施工中发生以下事件：

事件 1：在进行路堑开挖前，施工队开挖了堑顶临时截水沟，并对沟底进行了夯实，以防止渗漏；当路堑开挖至基底底层时，发现有坑穴，局部软弱，施工队为了不影响现场施工，直接挖开坑穴，对其进行了分层夯填处理。

事件2：路堤填筑施工前，项目经理部编制的路基沉降观测方案为：观测内容包括地基沉降和侧向水平位移；沉降观测采用三等水准测量；观测断面设置的间距为150m。

事件3：在填筑路堤基床底层改良土施工前，项目经理部给施工队技术交底的内容为：基床底层进行分层填筑，分层的最大压实厚度不大于35cm，最小压实厚度不小于10cm；依据沉降观测数据控制填筑速率，边桩侧向水平位移量和路堤中心地面沉降量每天均不得大于10mm，沉降值一旦超过该指标时应放慢填筑速度。

问题：

1. 分别给出上表中A、B和C所代表的观测频次。

2. 针对事件1中做法的不妥之处，给出正确做法。

3. 针对事件2中路基观测方案的不妥之处，给出正确做法。

4. 针对事件3中技术交底内容的不妥之处，给出正确做法。

【案例2】

某公司项目经理部承建某铁路第三标段，起止里程为DK1013+100～DK1025+850。设计资料显示标段内有正线桥梁11座，共有圆端形墩身89个，墩身型式有实心、空心两种，墩身坡比分别为35∶1、38∶1、42∶1，其中墩高30m以下空心墩2个；有2个桥台位于隧道口，施工场地狭窄，交通困难，桩基为钻孔灌注桩，桩径均为1.25m，桩长分别为12m、14m。根据施工方案，墩身内、外模板均要求采用定型钢模，且不改造后利用。施工过程中发生了下列事件。

事件1：项目经理部采用架子队模式组织施工，经招标选用了有资质的某劳务公司组建架子队承担桥梁墩身施工。双方签订了劳务承包合同，合同约定："架子队管理人员及技术人员由劳务公司人员担任，施工机械由劳务公司自带，定型模板及主要材料由项目经理部供应，劳动合同由项目经理部与劳务人员签订。"

事件2：桥梁工程施工前，项目经理部工程部部长组织编写完技术交底资料，立即下发给架子队，架子队技术负责人召开会议对班组长及全体劳务人员进行了技术交底宣讲，技术交底资料经工程部编制人员及工程部部长签字后存档。公司对项目经理部技术交底资料进行了检查，指出了存在的问题并责令整改。

事件3：项目开工一个月，公司与项目经理部签订了责任成本合同，明确项目成本预算目标为43500万元。施工过程中成本费用变化情况为：设计变更增加成本500万元，因质量问题返工增加成本200万元，因发生安全事故赔偿60万元，因市场变化材料价格上涨增加费用300万元，优化施工方案降低成本160万元。工程竣工后，公司按照成本管理动态调整原则，对项目成本预算目标进行了调整，并确定了项目经理部竣工考核成本预算目标。

问题：

1. 针对事件1中项目经理部架子队管理的不妥之处，给出正确做法。

2. 根据背景资料，从降低成本和方便施工的角度分析，该桥梁工程设计方案有哪些方面可以优化？如何优化？

3. 针对事件2中的不妥之处，给出正确做法。

4. 事件3中，项目经理部竣工考核成本预算目标是多少万元？（列式计算）

【案例3】

某施工单位承建高速铁路某隧道工程。该隧道正洞长12600m，进口平行导坑长4400m，出口平行导坑长4500m。隧道围岩岩性主要为凝灰岩，局部为花岗岩，全隧设计以Ⅱ级、Ⅲ级围岩为主；局部地段隧道埋深浅，围岩破碎、软弱，地下水发育，设计为Ⅴ级围岩，地表有大量稻田，村庄密集。根据施工组织设计，全隧按进、出口两个工区组织施工。施工中发生以下事件：

事件1：项目经理部计划在进、出口平行导坑均采用压入式管道通风方案；正洞采用混合式管道通风方案。

事件2：正当对隧道进口正洞掌子面进行钢拱架支护作业时，监控量测组反映仰拱开挖地段的隧道拱顶下沉量测数据发生突变，建议值班领工员采取措施。该领工员经过仔细观察，发现该段隧道拱顶喷射混凝土表面已局部开裂，情况比较危险。为了避免隧道塌方，他立即安排一部分掌子面现场作业人员在隧道拱顶变形部位补打锚杆，加强初期支护。

事件3：在隧道出口正洞开挖时，掌子面围岩突然变差，围岩破碎，渗水量明显增大。施工单位立即将这一情况报告给监理单位，申请将掌子面前10m范围的隧道围岩由原设计Ⅲ级围岩变更为Ⅴ级围岩。监理工程师现场核实后随即签发变更指令。

问题：

1. 针对背景资料，给出合理的隧道治水原则，并说明理由。
2. 针对事件1，指出该项目经理部采取的隧道通风方案的不妥之处，并给出合理方案。
3. 指出事件2中领工员做法的错误之处，并给出正确做法。
4. 针对事件3，指出隧道围岩类别变更程序的错误之处，并给出正确的变更程序。

【案例4】

某单线铁路车站（如下图所示），在复线施工中需将站台抬高10cm，原先的两股到发线有效长度为850m，新增的到发线有效长度为1050m。

问题：

1. 简述车站施工过渡方案。

2. 简述全部单号道岔铺设方案和作业内容。

3. 简述临时要点封锁施工程序。

【案例5】

某新建高速铁路站前工程第二标段线路平面布置如下图所示。

主要工程情况如下：

路基土石方共 60 万 m^3。图中 D1 是在营业线旁的帮宽路堤。该段营业线路堤填料为透水性材料。

图例：营业线 ┼┼┼┼┼┼┼┼┼┼ 新建铁路 ━━━━━ 施工便道 ━ ━ ━ ━

双线桥梁两座，均为旱桥，墩高 8～10m，桥址处地形平缓、地质良好，上部结构均为跨径 32m 简支箱梁。箱梁由本标段自行负责施工；设计要求箱梁采用预制架设或支架现浇，具体施工方案由施工单位自行选择并按建设管理有关规定办理审批手续。

单洞双线隧道两座，均无不良地质，其中 2 号隧道围岩为Ⅲ级、Ⅳ级和Ⅴ级，三种围岩的长度各占三分之一，Ⅳ级和Ⅴ级围岩在进口和出口段均衡分布。隧道均采用钻爆法施工，洞渣弃运至图示弃渣场。由于工期紧张，需要对 2 号隧道增加斜井，图中拟定的斜井 A 和斜井 B 处均具备斜井设置的条件，只需选择其中一个斜井进行施工；两个拟定的斜井长度均为 300m，纵坡均为 5%，洞口地势均较为平缓；斜井 A 围岩为Ⅲ级，斜井 B 围岩为Ⅴ级。

全线铺设 CRTSⅠ型双块式无砟轨道。施工单位制定的轨道工程施工方案为：（1）无砟轨道在全线正式施工前，进行首件工程施工，首件工程由监理单位选定。（2）浇筑的道床板混凝土终凝后，及时松开螺杆调整器、扣件，释放钢轨温度应力。具体松开螺杆调整器和扣件的时机需要根据施工环境温度提前试验确定。（3）铺设区间无缝线路时，工地钢轨焊接方法优先采用铝热焊。

根据合同约定，施工单位要按设计要求，在站前工程施工中为"四电"专业提供必要的接口条件。

本标段总工期为 36 个月，其中隧道工期为 24 个月。本工程为总价承包合同。

问题：

1. 根据背景资料，帮宽路堤本体应采用什么填料？说明理由。

2. 根据背景资料，本标段箱梁应选择何种施工方案？说明理由。

3. 根据背景资料，应选择哪个斜井设置方案？说明理由。

4. 针对施工单位制定的轨道工程施工方案的不妥之处，写出正确做法。

5. 根据背景资料，写出站前工程专业为电力工程专业提供的接口内容。

综合测试题（二）参考答案

一、单项选择题

1. C；　2. B；　3. A；　4. A；　5. C；　6. B；　7. D；　8. C；

9. B；　10. C；　11. A；　12. D；　13. C；　14. A；　15. C；　16. D；

17. A；　18. B；　19. D；　20. B

二、多项选择题

1. A、C、D；　　2. A、B、C、D；　　3. A、B、C、D；　　4. A、B；

5. A、C、D；　　6. A、B；　　　　7. A、D、E；　　　8. B、C、E；

9. A、C、D；　　10. A、B、D

三、实务操作和案例分析题

【案例1】答：

1. 表1中所代表的观测频次：A为1次/3d、B为1次/2周、C为1次/3月。

2. 事件1中做法的不妥之处的正确做法：（1）需对截水沟进行铺砌或采取其他防渗措施，并安排专人经常检查排水情况；（2）发现坑穴应及时向监理、设计单位反映，申请变更(变更设计)。

3. 事件2中路基观测方案的不妥之处的正确做法：（1）沉降观测应采用二等水准测量；（2）观测断面间距设置应根据设计确定，但不超过100m。

4. 事件3中技术交底内容的不妥之处的正确做法：（1）分层的最大压实厚度不大于30cm；（2）边桩侧向水平位移量每天不得大于5mm；（3）沉降值一旦超标，应立即停止填筑，加强观测。

【案例2】答：

1. 正确做法：

（1）架子队主要管理人员应由施工企业（公司）正式职工担任。

（2）施工机械及基本施工机具应由施工企业（公司、项目经理部）配置（提供）。

（3）劳动合同应由劳务公司与劳务人员签订。

2. 可优化的设计方案有：（1）墩身坡比。（2）墩身型式。（3）桩基成孔方式。

设计方案可以优化为：

（1）墩身坡比做到统一，提高模板利用效率。

（2）低于30m空心墩可以优化为实心墩。

（3）靠近隧道口处桥台钻孔桩改为人工挖孔桩。

3．正确做法：

（1）技术交底应分级进行，项目总工程师（技术主管）应对项目经理部各部室及技术人员交底，项目经理部技术人员应向架子队技术负责人进行技术交底，架子队技术负责人应对班组长及全体劳务人员进行技术交底。

（2）技术交底资料应由全体参加交底人员签字并存档。

4．43500＋500＋300＝44300万元

【案例3】答：

1．项目经理部应按以堵为主，限量排放的原则进行治水。理由：因为该隧道局部地段埋深浅，地表有大量稻田，村庄密集，项目经理部必须按正确的原则，制定施工方案，进行有效治水，防止地表失水。

2．不妥之处：在隧道进、出口正洞采用混合式管道通风方案。

合理方案：在隧道进、出口正洞均利用平行导坑进行巷道式通风。

3．错误之处：

当发现监控量测数据突变、喷射混凝土表面出现异常开裂等险情时，该领工员还在组织作业人员继续施工。

正确做法：

应安排现场全部作业人员立即撤离现场，并尽快向项目经理部（或工区）汇报紧急情况。

4．错误之处：

施工单位未及时向业主单位报告；监理单位无权单方签发变更指令。

正确的变更程序：

施工单位向业主立即报告情况，由业主组织勘测设计单位、监理单位、施工单位四方到现场进行确认，由勘测设计单位进行围岩类别变更，业主审查通过后，施工单位现场施工，监理单位检查验收。

【案例4】答：

1．车站过渡方案是：

（1）施工与营业线无干扰的增建二线（Ⅱ）线及（Ⅱ）线上的到发线（Ⅳ）。

（2）12号道岔预铺插入，铺设（Ⅲ）道延长部分及旧岔拆除，12号道岔利用旧岔信号作平移。

（3）行车走（Ⅲ）道形成过渡，9号与12号道岔直股锁闭，侧股开通，（Ⅰ）线，（Ⅱ）线股道区进行抬高改造施工，（Ⅱ）线两端道岔拆除。

（4）要点临时封锁，9号、12号道岔一次抬高10cm。

（5）行车走（Ⅰ）道，（Ⅲ）道封锁，9与12号道岔直股开通，侧股锁闭。

（6）抬高（Ⅲ）道，恢复（Ⅲ）道行车。

（7）施工过渡完成。

2．单号道岔铺设方案和作业内容：

（1）1号、7号、11号道岔采取原位组装铺设方案，其作业内容有铺砟碾压、铺岔枕、

铺轨、精细整道（岔）。

（2）3号、5号道岔采取侧位预铺插入的铺设方案，其作业内容有预铺道岔、要点封锁、整体滑移、恢复信号连接、精细整道（岔）。

3．要点封锁作业程序：

（1）提前1个月递交申请报告；

（2）批准后施工准备；

（3）实施前1小时施工单位安全人员驻站；

（4）设置施工标识，封锁作业至完成；

（5）检查线路与信号，解除封锁，移动施工标识牌撤除；

（6）施工人员撤出，驻站人员撤出。

【案例5】答：

1．帮宽路堤本体应采用的填料：砂砾石或碎石或渗水土等透水性材料。

理由：（1）上述材料首先是符合高铁路基填料要求。（2）营业线的路堤是透水性材料，新线路基应选用与营业线透水性相同填料（或透水性更好的填料）。（3）选用透水材料能保证新线及营业线路堤的排水（或防止路基病害产生）。

2．本标段箱梁应选择支架现浇的施工方案。

理由：（1）预制架设方案需设置预制场和大型运架设备（或投入大），不适合孔跨少的工程，而本标段箱梁数量少，且分散。采用支架现浇比预制架设能降低成本。（2）桥墩不高，地形、地质条件良好，具备支架现浇条件。（3）运梁需要过隧道，隧道施工制约着架梁工期，但不制约现浇方案的工期。

3．根据背景资料，2号隧道拟定的斜井位置应选择斜井A设置方案。

理由：（1）斜井A的围岩比斜井B的围岩好，能降低施工安全风险和加快施工进度。（2）斜井A距离弃渣场近（或能降低成本）。

4．施工单位制定的轨道工程施工方案的不妥之处的正确做法：（1）由建设单位或（业主单位）选定。（2）浇筑的道床板混凝土初凝后，应及时松开螺杆调整器、扣件，释放钢轨温度应力。（3）工地钢轨焊接应优先采用接触焊（或闪光接触焊或电阻焊）。

5．站前工程专业为电力工程专业提供的接口内容：电缆槽道、电缆上下桥锯齿孔、过轨预埋管（或过轨钢管）等条件。

网上增值服务说明

　　为了给一级建造师考试人员提供更优质、持续的服务，我社为购买正版考试图书的读者免费提供网上增值服务。**增值服务包括**在线答疑、在线视频课程、在线测试等内容。

　　网上免费增值服务使用方法如下：

　　1. 计算机用户

　　2. 移动端用户

　　注：增值服务从本书发行之日起开始提供，至次年新版图书上市时结束，提供形式为在线阅读、观看。如果输入卡号和密码或扫码后无法通过验证，请及时与我社联系。

　　客服电话：4008–188–688（周一至周五 9：00—17：00）

　　Email：jzs@cabp.com.cn

　　防盗版举报电话：010–58337026，举报查实重奖。

　　网上增值服务如有不完善之处，敬请广大读者谅解。欢迎提出宝贵意见和建议，谢谢！